U0075647

主席，請問台灣怎麼辦

許信良評傳

蔡詩萍・著

許信良（1941～）

台灣桃園人，客家籍政治人物

黨外運動領袖

兩任民進黨黨主席

曾當選桃園縣省議員、桃園縣縣長（橋頭事件被停職）

一生經歷威權國民黨「吹台青」政策的栽培，但違紀參選桃園縣縣長引發中壢事件，美麗島事件後被通緝，長期流亡海外黑名單，偷渡返台被捕，被李登輝總統政治特赦，與李登輝聯手修憲，主張新興民族、大膽西進。以當總統為政治志業，始終未能如願。堪稱台灣政壇最有遠見的政治人物，卻也飽受爭議，被誤解最多的悲劇英雄。

他是我大舅，
他是台灣民主政治的推手之一

許信良曲折的政治人生，要用這麼簡短的篇幅概括，
實在很不容易。

然而最困難的，莫過於，我的角色與立場。

許信良是我大舅。這是私領域的親人範圍。

許信良是台灣民主運動的先驅者之一。這是公領域
的歷史評價。

但對我來說，這兩者，卻非常有意思的，在生命裡連
結起來。

小時候，我常跟媽媽去中壢過嶺回外婆家。

夏日青翠的禾苗，秋割後蕭瑟的田野。客家聚落的三
合院裡，坐不住的我，會在狹窄，幽暗的祖屋裡跑來
跑去，像在探險。

大舅是外公外婆的眾多子女中，第一個書讀得很好的男孩。我比較懂閱讀的時候，去外婆家，就愛到大舅留在老家的書櫃裡翻書，我當時並不知道，我翻閱的，竟是後來我們甥舅很奇特的人生經歷。

很多書都忘了，但李劍農的《中國近百年政治史》、鄒文海的《政治學》，我倒是印象深刻，因我拿著書，坐在微光透進來的斗室裡，讀得津津有味。

要說大舅許信良對我有什麼在政治上的啟蒙，或許這是最早的印象。

後來大舅出國，我們許家龐大家族，擠進當時還是國際機場的松山機場，大舅掛著花圈，笑瞇瞇，神采飛揚，揮手上機，那畫面我記得深刻。

在寫這本書的時候，我查一些資料，在許信良考上國民黨中山獎學金出國那一段，以及，他在西歐目睹學潮學運衝擊西方民主體制的震撼時，我腦海會浮上大舅在機場的笑容，大舅的藏書在暗暗光影的書櫃裡泛光，這就往往超越一個寫評傳者的角色，而是交疊出一個晚輩親人的感情了。

鏡頭再一跳。我高中時，許信良在省議會聲量很大，媒體對他有很多無禮跋扈的報導，我的高中老師告訴我「你大舅是竹中畢業的」。

寫這本評傳時，再讀一遍《風雨之聲》，回到那黨國體制主導媒體的年代，便更能理解「不聽話」的許信良，是如何以自己的良知，去衝撞黨國體制，因而付出了形象上的傷害。但，他從來就不是一張乖乖牌啊！

「中壢事件」是許信良政治生涯的第一個轉捩點，從此他不是想當然爾的黨國體制下精英接班梯隊，而是要變革這個體制的民主運動反對人士。

他選上縣長，他串聯橋頭事件，他被停職，他參與《美麗島雜誌》、他出國、他流亡海外，他變成黑名單……

我則是在那段期間，念了政治系，進了政治研究所，在媒體工作，「我大舅許信良」，成了「國民黨政權的通緝犯、黑名單」。

我們甥舅成了兩條平行線，在很長一段期間裡，是沒

有交集的。

但90年代後，許信良偷渡被捕，判刑，坐牢，被特赦，他又活躍起來，兩度擔任民進黨黨主席，打選戰，談政綱，十足是以政治為他終身的志業。

而我，則側身媒體，寫文章，上電視，寫評論，常常看他的身影。

家族的聚會裡，我多了見他本人的許多機會，他也不再把我當成那個「外甥小男孩」了。他參加民進黨總統初選，他參加民進黨黨主席選舉，也會找我問問一些想法，聽聽我的意見。

但他始終是我的大舅，在政治的領域內，他是實踐者，我是觀察者；在台灣的未來思索上，他是行動者，我是評論者。但我始終是他的外甥，他對我有一定程度的寬容與愛護。

寫這本小書，我的心情難免複雜。

客觀分析時，我很清楚他的強項與弱項，我深深知道在民主政治一旦步入選舉的常態時，某種程度的世俗

性、庸俗性，幾乎無可避免的決定了權力遊戲的規則。
許信良的浪漫，豪爽，不拘小節，不善媒體包裝與表
演，都注定他要在民主遊戲裡黯然失色。

可是，他是我大舅啊！
他是我讀台灣民主運動史時，不能忘卻的勇者之一啊！
看著他老驥伏櫪卻沒有志在千里的舞台，我的心，是
很沉，很痛的。

這本小書，不能道盡許信良在台灣大歷史裡，經歷的
全部，但我有信心，捕捉了許信良很真誠的一面。

他是我大舅，他是桃園人的驕傲，他是台灣民主政治
的推手之一，當然也是台灣人的驕傲。

這本小書能夠完成，要特別謝謝前桃園市文化局局長
莊秀美，沒她的發想，我未必能這麼快寫出「我心目
中的許信良」。

目次

中壢事件

1

概括許信良的政治事業，必得從1977年「中壢事件」談起。

而且，很可能是了解許信良最關鍵的起點。

也是，了解台灣民主運動很關鍵的分水嶺，它甚至跟兩年之後的1979年「美麗島事件」關聯甚深。

「中壢事件」之重要，不僅僅是「許信良崛起」的歷史事件，對台灣的反對運動、民主運動而言，尤其意味著，「選舉」的確是推動社會進步，加速政治改革的重要手段，而選舉過程中貫徹、積累的啓蒙批判，選舉的結果是否符合人民期待，每一環節，都可能導致「歷史的進程」，出現難以預測的突破口。

1977年11月，桃園縣長與中壢事件。《當仁不讓》禁書8月出版。

1977年地方選舉，在桃園縣縣長選舉投票時，爆發了「中壢事件」，支持許信良的群眾包圍中壢警分局，推倒焚毀警車，最終迫使國民黨政權不得不接受選舉結果，許信良贏得桃園縣縣長的寶座，而台灣的民主政治將往「黨外階段」邁開大步，「許信良」這個名字，將在桃園地方自治史上，在台灣的黨外運動，台灣的民主運動，以及未來的政黨競爭中，扮演一個關鍵重要卻也爭議很大的角色！

1977年11月19日，地方選舉投票日。

上午10點多，選舉出現騷動。

設在中壢國小的投開票所，「一對老夫妻鍾順玉、郭塗菊要投票，擔任投票所主任的監察員、也是中壢國小校長的范姜新林，違法進到圈票處將老人家的選票塗成廢票，這過程被同時間投票的邱奕彬和林火鍊看得清清楚楚。」（〈張富忠先生訪談錄〉）於是，瞬間引發了投開票所的一陣混亂。

雖然幾位當事人都被帶到中壢警分局，不過，隨後即被不了了之的處理，消息一傳出，「校長涉嫌舞弊作

票」、「檢察官放水包庇作票校長」等等訊息，便迅速在桃園縣內蔓延開來。

到了當天下午，形勢已然演變到無法預料。

群眾聽聞涉嫌舞弊作票的校長，又被放出來並回到投開票所，於是激動起來，耳語傳聞飛快的散布，許多群眾湧進投開票所大聲咒罵，拉扯范姜新林，他隨即逃往中壢警分局，而警力也在警分局門口布建防線以阻擋愈來愈多的人群。

傍晚以後，投票截止，中壢警分局前的人潮愈聚愈多。

21世紀的現今，人手一支智慧型手機，隨時可以拍照、上傳，可以溝通訊息，可以串聯運動，實在難以想像1977年那樣的年代，出了門，只能靠公共電話。但即便當時通訊這麼不方便，中壢警分局前的形勢，卻依舊一傳十、十傳百的，在整個桃園縣燃燒沸騰，導致開票時間一到，幾乎每個投開票所，都湧進大量民眾，爭先恐後想了解自己的投開票所，到底最後開出的數字是怎麼一回事！

這便讓選監人員壓力極大，開票時小心翼翼，深恐一有差錯，無法承受現場民眾的情緒張力。

某種程度上，過去反對運動常常批判的，開票時各種可能的「舞弊疑雲」，包括：把廢票念成執政黨參選人的選票，開票時突然停電，利用此刻把空白票蓋章後灌入選票箱內等等開票作業中的弊端傳聞，統統在那一夜，至少大幅度的「消失了」！

這是台灣民主政治的一頁奇蹟，是國民黨長期威權統治年代一次難以想像的「出乎意料」！

最終，許信良以23萬多票，大勝對手的14萬多票，在當時桃園縣的13個鄉鎮裡幾乎橫掃，除了龜山與八德，這裡是眷村鐵票。

那一天，台灣民主出現了里程碑。

桃園人並不知道，自己竟然寫下了新歷史！

2

在「中壢事件」之前，並非沒有黨外人士，透過選舉挑戰國民黨的威權統治。

事實上，仍有零星的案例，看到無黨籍人士突破重圍贏得選舉，選上民代或當上地方首長，最有名者莫過於高玉樹，在台北市還是省轄市的年代，兩度以無黨籍身分贏得台北市市長，甚至，還在台北市改制為直轄市時，擔任第一任的直轄市市長。

不過，相較於許信良贏得的桃園縣縣長，其間的意義仍然相去極大。

許信良參選桃園縣縣長，是以曾被國民黨栽培的客籍精英身分，而「脫黨參選」的。

他投入選舉時，台灣的政治氣氛已經步入1970年代蔣經國「革新保台」的新歷史階段。

他既然是國民黨要栽培的精英，且在中山獎學金的支

1977年11月19日，抗議群眾在中壢市警察分局前，將分局前所有
警車翻毀，引爆中壢事件。（攝影：張富忠）

持下，前往英國愛丁堡大學念研究所，專攻政治哲
學。旅英期間，眼界大開，視野已擴。回台後，進中
央黨部服務，再被提名投入桃園縣省議員選舉。

以當時中央民意機構立法院，仍由基於法統，長年
不改選的資深立委所主導下，彼時最能彰顯地方民
意、台灣民意的，莫過於台灣省議會了。許信良在
那磨劍磨了四年，他對國民黨的理解和認識，是「自

己人的認識」；他對國民黨之腐敗的解構，是「自己人的穿透」。於是，他挑戰國民黨政權，進而又贏得了那麼重要的一次選舉，其意義，自然是遠遠不同於高玉樹那種在威權年代「孤鳥式」的選舉勝利，反之，許信良的勝選，是具有「現代意義的」台灣民主政治即將啓航的啓蒙訊息了！

「中壢事件」爆發當天，晚上的開票，遲至10點左右，僅有的三家電視台（台視、中視、華視），播報選情的節目，非常有趣，都很有默契的「跳過」桃園縣縣長的開票，彷彿像在一個平行時空裡，「桃園縣消失了！？」
這種如今看來十分「無厘頭的搞笑」，唯有經歷過威權年代，黨國操控媒體的世代，才會知道它的荒謬吧！

但當晚10點多，許信良競選總部已經統計出遙遙領先對手的差距，「逕行宣布當選了」。而那時，中壢警分局前仍然聚攏了不願散去的憤怒群眾，火光映紅了夜晚的天空，圍觀的群眾應該是既興奮又忐忑的。

無論如何，那一晚是選舉的勝利，是人民的勝利，是民主的勝利。然而，三家官方管控的電視媒體出奇的「隔空跳躍」；國民黨官方出奇的不發一語，警方與鎮暴部隊又出奇的沉默而未採取任何行動，則又讓圍觀的群眾，以及在競選總部的輔選大將們，懸著一顆不知所以的心！太詭異了。

3

「中壢事件」可以不發生嗎？

很難。

或可說，注定要發生吧！

這要從許信良的參選談起。

許信良被國民黨栽培，擔任了一屆省議員。

任內他並不是一個「唯黨是從」的黨籍議員。

他在任內，出版了一本極為爭議的《風雨之聲》，詳述他省議員期間的「所見、所聞及所感」。

在當時，必須說，這是一本開創性的，風格極為強烈的政治人物的問政實錄。

何況，許信良還是一個國民黨籍的省議員，國民黨是怎樣的政黨？長期執政，黨政軍一把抓，兩代蔣總統強人領導，國民黨所栽培的領袖，幾乎全是「乖乖牌」，很難有個人的突出言行。

但許信良顯然很不一樣。

根據許信良長期的老戰友，黨外運動的前輩，張俊宏的描述，早在1972年許信良競選桃園縣省議員時，他身邊就聚攏了一批年輕人為他助選，有趣的是，這批年輕人中，又有不少人是在台北為當時的黨外人士康寧祥助選的。黨派色彩，如此之懸殊，不免令人好奇。

張俊宏問他們，那不是沒有立場了嗎？

年輕人給他的回答是，不會，他們的立場是「理想」。

張俊宏所面對的那群既可以替黨外康寧祥助選，也可以幫忙國民黨許信良選舉的年輕人，若用現在的政治術語，他們無疑就是「中間選民」了，是年輕的「中間選民」，立場在「政治理念」與「政治理想」的契合，而未必是政黨的認同。

這樣的描述，很可以解釋，何以許信良會從國民黨刻意栽培的台籍精英，脫離國民黨，成為黨外的政治領導，最終成為兩任的民進黨黨主席！而非，大他一輪，或與他同輩的國民黨台籍精英們，所走的「統治

精英」的慣常成長路徑圖。

許信良自己在《風雨之聲》裡，提到他「成長在中壢
一個地貧人窮的小農村。小時，石門水庫還未興建，
中壢地區兩年一小旱，三年一大旱，常常看到祖母悲
憤而絕望的望著天，喃喃自語：『老天，該下雨了，
可憐可憐我們！』」

許信良去英國念書時，正值1967、1968年西方學生
運動的高潮，他看到美國的詹森總統被迫放棄連任，法國的戴高樂與第五共和幾乎要被推翻，這讓許信良非常震撼，他自問：西方國家如此富裕自由，年輕人到底不滿什麼？他們到底要追求什麼？透過閱讀，透過親身接觸了

許信良選舉文宣。

解，許信良得到了答案。

而這些答案，潛伏於他內心深處，勢將影響他一輩子，在他後來不管是短期的桃園縣縣長任內，或擔任民進黨黨主席提出的國家長期發展政綱，都可以看到他年輕時期受到歐美學生運動訴求的影響脈絡。

誰不曾年輕過呢？

關鍵是，「年輕的種籽」有沒有在之後的生命曠野裡發芽、茁壯；有沒有在其後的中年、老年之際，回首時有「不忘初衷」的了悟！

在《風雨之聲》裡，許信良說，他得到的答案是：「他們所要的，是一個更平等更人道的社會，更照顧大眾更純潔無瑕的政府。」

秉持這樣一份認識，許信良回到台灣後，即便被國民黨提拔，贏得了省議員選舉，但在省議會裡，他不可能再是「乖乖牌」了，不像他的議會同僚一樣，一切唯黨意是從；他也不可能是以政謀商的那群民意代表，從政是為了家族或企業更大的利益。

在省議會裡，許信良無疑是一個「怪咖」，不聽話的「怪咖」。

這樣的許信良，幾乎注定了他的未來走向，只是，還需要《風雨之聲》為他鋪墊反國民黨統治網絡的紅地毯，還需要違紀參選桃園縣縣長為他打開挑戰威權國民黨，追求台灣民主化的里程碑。
這還要讓我們慢慢往下看。

4

許信良從英國回來，由於是國民黨中山獎學金送他出去的，很合理，他被安排進入中央黨部服務。

在黨部期間，許信良投入了《大學雜誌》的編務，如同他日後回憶的，這可以說是他「從政的開始」。

聽起來奇怪，但了解台灣政治發展史的人，則不至於意外。

《大學雜誌》在1970年代是非常重要的一份雜誌，它連結了當時年輕的學者、中小企業精英，換言之，就是當時關心國家前途的一群知識分子、專業人士，希望能開啓一個新的時代，於是集結在《大學雜誌》的旗下，以知識來論政。

這其實一直是中國傳統政治裡，知識階層存在的自我期許，也可以說，在國民黨壓制集會結社自由，打壓組成反對黨的威權年代裡，這是在體制允許的範圍

內，知識分子唯一可以做的事，議論時事，評論施政。

如今我們知道，《大學雜誌》的改組，跟國民黨有關。
國民黨中央黨部秘書長張寶樹，主導了這次的改組。
張寶樹不可能自己幹這件事，蔣經國勢必清楚這份雜誌，在他準備接班，推動改革的同時，也等於為他的接班，他的時代，打開了一扇廣開言路，樹立新形象的大門。

許信良在這關鍵時刻，適時表現了自己，那就是1971年的〈台灣社會力的分析〉長文。
許信良在張俊宏的引介下，進入改組後的《大學雜誌》，擔任社務委員兼編輯委員。

〈台灣社會力的分析〉文章很長，在雜誌上分三期刊出。
許信良回憶說，這篇文章基本上由他口述，張俊宏筆記，另外兩人則僅僅是掛名。
〈台灣社會力的分析〉以很淺顯的筆法，很令人動容的感性，透過數據與具洞見的分析，把光復後，國民

黨政府來台灣，經過二十餘年的安定發展，所蓄積的
很龐大的各種社會力，做了一次鳥瞰概覽。

許信良發現，這些社會力很不平衡，充滿張力。一方
面外在的環境，無法充分讓社會力發展，另方面，社
會力之內不同的階層也不均衡，矛盾嚴重。
而這些，正是「改革」之所以迫切的關鍵。

簡單的講，為何這篇長文〈台灣社會力的分析〉在當
時會引發騷動呢？
文章容易讀，大家容易懂，是觸媒。
但，1970年代初，國民黨政府在統治了二十餘年後，
台灣的內外環境都遭到劇烈變化的挑戰，台灣社會上
下，都期待該要有一種改變的契機，無疑的，〈台灣
社會力的分析〉適時填補了這樣的飢渴。

我們如今看來，〈台灣社會力的分析〉，避開「階級」
的敏感度，不談國民黨統治的威權嚴酷，而以現代

化理論的「挑戰與回應」模式，來解讀當時的內外挑戰，以及，提醒國民黨政府要因應要改革，實在也是台灣民主運動，偏向體制內改革這一支脈絡的歷史走向。它不同於後來的，衝撞體制的黨外民主運動，但卻是促成黨外民主運動的一種源頭活水。因為，改革不力，往往就是體制內改革者，轉往體制外衝撞的一項變數！

當時才三十一歲的許信良，也許尚無法預料寫這篇長文後，他自己未來的動向。不過六年之後，他就與栽培他的國民黨，價值觀愈差愈遠，終至於，在桃園縣縣長的選舉上，雙方徹底決裂，分道揚鑣了。

未來，許信良不僅不再是國民黨內，台籍精英的體制內改革者，更進而，走向對抗國民黨體制的宣揚者，行動者。
當然也被國民黨視為是「反叛者」。

他更無法預料的，是當時與他一塊參與《大學雜誌》，並且在《台灣社會力的分析》出版後，參與系列座談的，以農經專家出席的李登輝，在多年後，他們倆會各自以國民黨籍中華民國總統的身分，以及在野黨領袖民進黨黨主席的身分，相互攜手合作，達成修改中華民國憲法，創造「中華民國在台灣」的歷史進程。

但，許信良的總統夢，卻始終沒有機會實踐。

5

〈台灣社會力的分析〉一亮相，確實是讓蔣經國眼睛為
之一亮。

蔣經國曾經交代他的得力助手宋時選，要把這篇文
章，讓黨政高層好好研讀。

沒有太多資料可以佐證蔣經國到底對這篇文章，有怎
樣的明確想法，不過，我們若對蔣經國的經歷夠了
解，不會不明白，他早年傾心共產主義的理想性格，
在蘇聯期間對於工農階級的近身接觸，也必然讓他對
〈台灣社會力的分析〉裡，充滿年輕昂揚意志，社會
正義公平之改革的呼籲，充滿感情上的認可。

但他畢竟還只是剛剛接班，他的父親蔣介石總統，還
要再三年多之後才會過世。在父親以及老臣的眼底下
初攬大權，他不可能動作那麼大。

然而，許信良終究是被看到了。

許信良被提名參選桃園縣的省議員，當時許信良才三十一歲，絕對屬於「青年才俊」。在黨國支配下，要當選毫無疑問，只要好好的聽命於黨紀，許信良在70年代「吹台青」的國民黨台籍精英隊伍裡，前途是看好的。

但，四年省議員，卻讓許信良失望了。當然栽培他的國民黨也失望了。

他帶著西方國家議會民主的信念，帶著西歐社會福利國的理想，帶著六○年代歐美青年反文化的激情，回到台灣，卻在省議會的四年裡，遭遇極大的挫折。

他寫下的《風雨之聲》，詳細的刊載了他在省議會的心路歷程。

誠如為《風雨之聲》作序的，當時任職於《中國時報》，代理省議會新聞路線的記者陳婉真所言，當時看到年輕氣盛的許信良，質詢鐵路局長陳德年，他「經常打斷陳局長的答覆，自顧自逼問下去」。

最後，當許信良大罵陳德年「胡說八道」時，迫使陳局長講出「許議員，我希望你尊重我的人格……我是六十多歲的人了……」。

陳婉真寫下，她那時對許信良「印象壞透了」。於是，發了一則新聞，配上一篇小邊欄，刊登在《中國時報》二版，導致很長一段時間裡，輿論對許信良不斷撻伐。

然而，當陳婉真後來接手省議會新聞時，主跑了一段時間後，才醒悟到她「所責備的，是最不該受責備的一位議員」。

陳婉真當年在《風雨之聲》的序文裡，還說「許信良是一位處處矛盾的人，他在議事堂中發言態度最兇，私下待人卻極端客氣有禮；他是國民黨提名的議員，在議會發言卻比非國民黨籍議員更無所顧忌……」。這評語，不但可以讓我們理解何以國民黨不提名許信良參選桃園縣縣長，何以最終許信良會與栽培他的國民黨分道揚鑣！

許信良在《風雨之聲》裡，把自己的八次議會總質詢詳細臚列，同時摘錄了歷次大會分組質詢及提案內容，這在民風仍保守，媒體多半只重視官員答詢摘

要，根本輕忽民意機關的年代，擺明了是一種「你既然不登，那我就自己來的」反抗意識，也很貼近如今非常流行的「自媒體」概念。

只不過，許信良的省議會年代，他只能以出書，做這樣的自我表態。

《風雨之聲》除了以嶄新姿態，呈現一位年輕政治工作者的自我表態創意外，更具戰鬥性的是，許信良把他在省議會裡觀察到的「我的同仁」，分類為四個類型：「世家」、「財閥」、「公教人員」、「職業政客」。

「世家」乃我們今日所謂的「政二代、政三代」，從政是為了維繫家族勢力；「財閥」指財富實力雄厚的民代，參政是為了更大的經濟利益；「公教人員」多半是國民黨提名的專業人士，敬業，出席率高，但多半謹守分寸；「職業政客」是不斷靠選舉贏得職位，他們是政治人物而非生意人。許信良對「職業政客」評價很高，認為如果缺乏他們的存在，「議會最多只能成為一個顧問性質的諮詢機構，絕不能發揮民主制度

中議會應有的功能」。

然而，這個分類，卻在保守的省議會裡，激起極大的騷動，被分類在不同模組裡的省議員，都各有他們不高興的理由。

再加上，許信良坦露了質詢過程中，許多政策的陰暗面，他得罪的，不僅僅是省議會的同仁而已，更是那龐大的黨國體制。面對這位「不聽話」的黨籍新生代許信良，黨國體制必得做出強大的打擊。

可是，許信良也巧妙的運用了這股打擊他的力道，順勢而為的，為自己營造了違紀參選桃園縣縣長的逆襲聲勢！

6

吳伯雄選上桃園縣縣長後，任期才過半不久，省主席謝東閔便調吳伯雄出任菸酒公賣局局長。

單單這動作便足以說明，在國民黨長期一黨獨大的威權體制裡，一個民選的桃園縣縣長，可以是「多麼的微不足道」！以現在的民主意識而言，桃園縣縣長或桃園市市長（直轄市），兩任下來，其聲望是可以直取閣揆，乃至於挑戰總統寶座的。但在當時，區區菸酒公賣局局長，就讓吳伯雄放棄了民選縣長。

但也因為吳伯雄捨桃園縣縣長，去當菸酒公賣局局長了，他空下的縣長遺缺，頓時成為國民黨的新問題。

為何？因為吳伯雄若不走，一任做完，他應該會連任，他若連任，桃園縣內，應該也不會有人挑戰他，尤其是國民黨內。

國民黨在威權年代，控制地方的有效一招，是用地方派系制衡地方派系。

在桃園縣，國民黨為了平衡北桃與南桃的地域關係（北桃以桃園市為主，南桃以中壢市為主），以及族群關係（北桃多閩南，南桃多客家），長期以來遂形成「南北輪政」的傳統。

這傳統簡單講，就是縣長若由北桃人士出任，那議長則由南桃人士擔綱；兩任之後，再南北輪替一次，同樣再兩任。

因此，許信良後來常說，「這是天意啊」！

什麼意思呢？

吳伯雄若不調動，他理應做完兩任，出身南桃的吳伯雄兩任期滿，下屆桃園縣縣長就要在北桃人士裡挑選了，那同樣出身南桃的客籍政治人物許信良，就完全沒有機會了。

然而，吳伯雄提前離任了，他空出的桃園縣長，按慣

例，既然未滿兩任，當然應該由南桃的人士遞補。

而且，慣例都是當過省議員的人，才有資格去競爭桃園縣長。這就更讓許信良在南桃園區，成為地方政壇普遍認為是接手吳伯雄遺缺的不二人選。

然而，由於省議員任期內，許信良已經讓國民黨感覺頭疼，他的《風雨之聲》得罪了保守的省議會同仁，更讓國民黨找到理由，不再支持他。

可以想見，省議員都不會再提名了，又怎麼可能讓許信良去角逐百里侯呢？

基於「南北輪政」的慣例，國民黨放棄了南桃園的年輕省議員許信良，但還是得在南桃找人選，找來找去，國民黨找上了當時代理中壢市市長的歐憲瑜，提名他參選。

歐憲瑜是調查局出身，符合黨國體制的忠黨愛國形象。不過，相較於許信良已經建立起來的社會知名度，以及國民黨內的改革者清晰形象，在之後的選戰中，兩

人強烈的對比，一定程度上，已經預告了勝負之間的傾斜！

由於國民黨最終提名了忠黨愛國形象的歐憲瑜，許信良的違紀參選，勢必換來國民黨的黨紀處分，預知會被開除黨籍的許信良，採取的選戰策略，誠如他的脫黨競選感言〈此心長為中國國民黨黨員〉，他深知國民黨的影響力仍大，桃園縣內眷村數量頗多，唯有採取「孤臣孽子」的悲壯姿態，才可能在國民黨支持者內部，造成一陣攪動，既打亂國民黨塑造他不聽話的布局，也讓對黨國體制不滿的人，最大化的集結到他這邊。

這定位顯然是成功的。

由於許信良自《台灣社會力的分析》起，便已成功「人設」了自己是一個改革派，是敢講話的知識分子形象，到了《風雨之聲》的聲名鵲起，更加強化了他敢言，敢批判的年輕政治世代名氣。

國民黨全面打壓他，不但成效不彰，反倒讓保守但卻希望能有改變的台灣社會，對「許信良這個人」，愈發好奇起來。

許信良善用這種「愈打壓愈有名」的社會好奇心理，把他的《風雨之聲》拆解成「最簡單、最便宜的選舉版」，甚至是小冊子的形式，在鄉間四處發放。

由於桃園縣當時農民比例仍高，許信良還把《台灣社會力的分析》與《當仁不讓》這兩本書裡，有關農民、農業的部分，再印成小冊，當選舉文宣，穿透媒體的封鎖。

許信良後來自己回顧時，甚至還以「鄉村包圍城市」的標題，說明他在競選前半年起，便自己帶著這些小冊子，開車勤跑鄉村，遇到雜貨店就把小冊子放在店內，任由取閱。

跑完鄉下後，再開始轉往城市，把小冊子放在理髮廳、美容院、藥局等等地方。

用我們現在的角度來看，許信良是在威權體制掌控大

眾媒體的侷限下，以穿透民間社會的連結點方式，由「點」，到「線」，再進而從多條線的串聯，與國民黨做「面」的大決戰！

結果呢？

結果當然是一場大獲全勝的結局。

7

我們現在回顧「中壢事件」，不能不把它置放於 1970 年代的氛圍裡鳥瞰。

1971 年中華民國退出聯合國；1972 年蔣經國出任行政院長，開始接班；1975 年蔣介石總統過世；1977 年 8 月基督教長老教會發表〈台灣，一個新而獨立的國家〉；1977 年 11 月選舉爆發「中壢事件」；1978 年 12 月「黨外」第一次以相當於「政團」的模式聯合選舉造勢；1978 年 12 月 16 日，美國與「中華民國斷交」，國民黨政府宣布暫停選舉；1979 年 1 月余登發匪諜案，引發「橋頭事件」，許信良被停職；1979 年 8 月《美麗島雜誌》出刊；1979 年 12 月爆發「美麗島事件」，國民黨政府逮捕黨外大批精英。

「中壢事件」不是一個單一、獨立的事件，不能個別孤立來看。

「中壢事件」是威權國民黨長期壟斷政治權力，但又須顧及「自由中國」之「民主櫥窗」的形象，而不得不開放地方選舉的「一次意外事件」。

為何「一次意外事件」要加上引號？！
因為過去地方選舉，國民黨為了掌控來自異議人士的挑戰，首要之務，不讓具威脅性的政黨成立，例如：打擊《自由中國》雜誌與台灣本土精英的組黨運動，逮捕了雷震。
其次，對個別具有挑戰性、威脅性的異議人士參與的選舉，則極盡所能的封殺阻擋，例如：郭雨新在宜蘭投入的選舉。

但「中壢事件」之所以爆發，很大的原因是，參選的許信良出身自國民黨，很了解國民黨的操作模式。再者，他投入桃園縣縣長選舉時，不少年輕人已經有過去支持郭雨新選舉的經驗，例如：林正杰、張富忠。因此，對如何防堵國民黨「一貫操作選舉」的黑幕，打一開始，便做了積極性的主動出擊，使得國民黨在

「中壢事件」爆發之前，便承受了昔日一切黑手操作選舉被曝光化的壓力，這也是何以當作票疑雲爆開後，桃園群眾會群起包圍中壢警分局的原因，而群眾一旦群集，鼓譟，也迫使國民黨政權，不敢像過去那樣，以「一手遮天」方式，全力打壓。

也或許，在國民黨黨中央的盤算裡，仍對出身自國民黨的許信良，仍對選戰中標舉「此心長為中國國民黨員」的許信良，有某種寄望也說不定。於是，終究在「中壢事件」爆發後，採取了低調默認的態度，終於讓違紀參選的許信良，成為「桃園縣縣長許信良」了！

桃園縣縣長

1

在許信良傳奇的政治生涯裡，他的選舉公職身分，事實上，僅有省議員、桃園縣縣長兩項職位，加總起來，不到六年。

桃園縣縣長從1977年12月20日就職起，到1979年7月1日遭彈劾結束，僅僅一年六個多月。

從許信良競選桃園縣縣長起，到他被彈劾停職，可以說，他的桃園縣縣長之路極不平坦。

之所以不平坦，有他個人的政治信念逐漸轉型的因素，亦有台灣大環境已經在劇烈變化的因素。

套句有點文青的字眼描述：就是「回不去了」。

不管是對許信良本人，「他，回不去了」，即便，對國民黨政權，對台灣的民主化進程而言，「都回不去了」。

國民黨回不去昔日的絕對獨大、威權的年代，許信良也回不去他「此心長為中國國民黨員」的選戰策略了。但，在「中壢事件」告一段落後，老大許久的國民黨黨中央，或許還不這麼以為。

許信良曾經在回憶中，記載過，當選桃園縣縣長後，黨中央再三派人來看他，多方暗示回國民黨的可能性。而行政院院長蔣經國，更是數度藉由巡視桃園，來到縣長官邸與許信良長談。

1977年11月，許信良參選桃園縣長選舉，黃玉嬌（圖左）參選台灣省議員。（攝影：張富忠）

許信良也曾在我詢問他，到底蔣經國與他兩人晤談時，有無觸及重回國民黨的事時，許信良以直球對決的方式回答我：以蔣經國的統御方式，他喜怒不形於色，不會直接的觸及這類事，但言談中，蔣經國除了聊聊桃園縣政外，也多次主動聊起台北市政的議題，說想聽聽他的意見。

這讓許信良心內不無好奇，這位政治強人到底心中在盤算些什麼。

許信良回憶：蔣經國確實是喜怒不形於色，不容易讓人揣測他的情緒。但，蔣經國與他交談兩三個小時，不時談及台北市政的規劃，例如：問許信良對捷運是走高架好，還是走地下化好等等非常實際的問題。
也難怪，許信良會好奇，這位政治強人，到底在盤算些什麼！

不過，我們若對照後來，李登輝的回憶，不難發現，這似乎是蔣經國在威權體制年代，「用人哲學」的一

種體現方式，他會以到對方居住處拜訪，藉由聊天、詢問等形式，一方面觀察對方的家居生活，並藉由一些很實際的政務，去試探對方的能耐，再做為之後，他用人時的斟酌。

不過，此時的許信良，除了專心致力於他念茲在茲的桃園縣政外，其實已經有更多心思是在盤算台灣民主政治的未來，以及台灣在退出聯合國後，究竟該如何找尋自己的出路等等，比他個人的政治位子，更寬闊的視野與思維了。

只有了解這個變化，才足以解釋：何以選上了桃園縣縣長後，許信良還花不少縣政之外的時間，與黨外人士四處活動串聯，最終導致他被彈劾停職，而走上流亡海外的漫長之旅。

在桃園縣縣長不到二年的期間，許信良展現了怎樣的施政意圖，許信良實踐了哪些他要選縣長時承諾的政見呢？

我們如今去追尋許信良的「省議員」、「縣長」時期所關切的議題，不難發現，有很多都是他一輩子關切的主題，更在他後來兩度當選民進黨黨主席時，成為他推動的民進黨黨綱與政策，更是他要參選總統時，仍致力實踐的年輕時的政治理想與目標。

這尤其在他迄今最新一本著作《台灣現在怎麼辦》裡，有從一而終的顯現。

2

許信良自己在回顧他當選桃園縣縣長的時代因素時，
曾分析有三個原因，促成他當選。既然有了這樣的分
析，當然，當選縣長之後，他也循著這樣的思維，去
規劃縣政，乃至於，規劃自己的人生政治之路。

一、台灣民眾對國民黨的威權統治，到了1970年代已
經累積到極為不滿的程度，許信良當選桃園縣縣長，
以及爆發「中壢事件」，之所以有它的歷史性意義，這
是關鍵性脈絡。

二、由於出口導向的經貿發展，到了1970年代，已
經累積了龐大的中小企業，新興中產階級，他們對國
民黨的威權不滿，更對政府顢頇的施政效率不滿，於
是有了更大的改革期望，因而對新興的黨外民主運動
積極支持。

三、國際普遍走向民主價值，美國對台灣的民主化表達關切，亦迫使國民黨無法動輒逮捕異議人士，這也間接鼓舞了異議人士的投入。

基於這樣的時代理解與認識，脫黨違紀參選獲勝的許信良，當然也就不可能循著過去的舊思維，再回國民黨內成為「國民黨本土精英」了。

而是，一邊做好「桃園縣縣長許信良」的工作，一邊跨足參與更多黨外運動的串聯，走向「民主運動許信良」的人生新方向。

許信良精選集。

這兩種角色，在威權體制仍試圖做最後反撲的1970年代後期，當然是彼此衝撞的，最終導致許信良被停職，導致新一波民主運動抗爭的高潮，「美麗島事件」的大爆發！

而這一切發展的中繼點，無疑是「橋頭事件」！
「橋頭事件」，它既解釋了，何以許信良被國民黨逮到機會，停職查辦他；也註解了之後不久，「美麗島事件」的旋踵而至。

但，在「中壢事件」當選縣長之後，到「橋頭事件」發生之間，「許信良縣長」是怎樣施展他的縣長抱負呢？

在威權體制的年代，民選地方首長事實上並沒有太多「人事權」，尤其，國民黨獨大的政治體制內，公務體系幾乎全是國民黨籍。許信良採用在縣長權限範圍內，可以調動職務的策略，以調動主任秘書這一項職務，來牽動其它職位之調動的連鎖反應方式，突破他有限的人事任命權，亦帶動起桃園縣府內新的政治氛

圍。也可以說是「牽一髮而動全身」的謀略成功吧！

由於許信良充分體認到社會氣氛的劇烈轉變，中小企
業主，新興中產階級興起的時代訊息，他入主縣府
後，立即成立了「立即辦理中心」，來呼應這趨勢。
為了就近督導，他把「立即辦理中心」辦公室，設在
縣長辦公室旁，並在縣府內各單位，找了八位法學院
畢業的年輕人，組成「立即辦理中心」的骨幹。

這個「立即辦理中心」要怎麼樹立它的新形象呢？
許信良要求把歷年來人民陳情的累積案件，或縣府數
年懸而未決的積案，都交由「立即辦理中心」重新檢
視，經整理後，透過法律見解的提供，直接交給縣長
裁示，而不再透過縣府的科員政治處理。
在當時，這舉動確實震撼了縣府文化。
許信良事後回憶說，過去國民黨政府長年以來，「公
務人員的最大毛病是整天辦公文，不辦事情。」但「立
即辦理中心」則相反，是「辦事情，不辦公文」！
辦事情，自然講究效率，重實效，不講形式主義；而

辦公文，自然流於對流程的關注，重形式主義，講文書政治。

這是「許信良縣長」對桃園縣縣政府，很大的直接刺激。

3

許信良是農家子弟出身。

在他的《風雨之聲》裡，他說過身為農家子弟，對農民終年勞動求得溫飽的苦日子，印象極深。

於是，在省議員期間，他就對農政做出許多積極的問政，力求改善農民的福利。

《風雨之聲》裡，記載了許信良為了「降低田賦」，槓上議會同仁，槓上財政廳長鍾時益的詳細過程。

許信良說，當時（1973年，民國62年），他甫就任省議員，就提出質詢：根據中壢市農會的統計，中壢地區農民耕種一甲水田，扣除成本後，在民國61年第二期的平均收入是三千一百元，但所須繳納的稅捐卻高達一千八百元，賦稅之重很不合理，於是他建議降低田賦四分之一。

其實類似的見解，早在之前的《台灣社會力的分析》長文中，便已觸及。只是要等許信良當上省議員之後，他才有更實際的監督權力，去實踐他對農民權益的爭取。

財政廳長鍾時益，當場反駁許信良，此舉不可行，因為「田賦是縣市鄉鎮主要稅源，降低田賦，縣市鄉鎮吃不消」。

許信良省議員的回應，其實揭露了後來數十年，台灣在民主化過程中，一再觸及的，地方自治的根本癥結：「中央與地方財政收支的分配公平與否的議題」。

許信良當時批評財政廳長的話如下：農民稅負太重既然是明顯不合理的事，政府不應該長期依賴明顯不合理的稅收做為財源。議會早就建議修改「財政收支劃分法」，以充實地方財源，這才是解決地方財政困難的根本途徑。

最後幾經折衝協調，最終達成了降低田賦的目標。

這段描述，只是為了說明，在省議員時期的許信良，便把農民權益當成他身為農家子弟的使命感，一旦當了桃園縣縣長，解決縣內龐大的農民權益問題，當然成為「許信良縣長」的重要優先課題。

許信良曾在《當仁不讓》一書裡，接受訪問時，談及他若選上桃園縣縣長，他要做的「優先照顧中低收入大眾」的政策，他首先提到的，便是他在省議會期間一直努力呼籲的「政府早日實施公醫制度」。

這是全國性的大政策，當然不是一縣之長所能獨立做到的，因此他說當上縣長，「他要對低收入者實施重病醫療補助」。

他也批評，在當時，「絕大多數的農民、漁民、沒有參加勞保的勞工、零工、雜工、以及計程車司機等，如果患上了需要五萬塊錢以上始能治好的重病，大都會猶疑躊躇，甚至聽天由命，以至於延誤了寶貴的治療機會。……所以我認為幫助無力就醫者就醫，是仁政的開始。」

在全民健保制度要到1995年才全面上路之前，約莫二十年前，許信良的遠見確實不凡。

他更提出要在「農村與工業區普遍設置公立托兒所與幼稚園」，協助解決農忙期間的托兒問題，以及，女性因家庭而放棄職場的不公平問題。

從那時，到現今，這些議題不是仍一直在困擾每個縣市首長，也始終是縣市首長選舉時必須面對的施政核心嗎？

4

許信良在短短的縣長任期內，自己選了兩項「任內改革」做為他的縣長里程碑記憶。

一個是「服務到家」，另一個則是「老弱重病醫療補助」。

這項「老弱重病醫療補助」就是他在選前一再強調的政見。

許信良就任後，先成立「立即辦理中心」辦公室，這辦公室成為「老弱重病醫療補助」實施成功與否的前提。

許信良縣長定位它就是「一項社會福利政策」。

但經費怎麼來呢？取自於地價稅。

由於地價稅只能用於社會福利不能挪為他用，而桃園又是一個新興的工商業化區域，發展快，地價稅收入增加很多。於是，許信良便從這筆累積的地價稅裡，啟動他的社會福利政策 —— 推動「老弱重病醫療補助」。

許信良縣長的做法是，七十歲以上的老人，以及登記有案的貧戶，列為補助對象。

縣府跟桃園縣境內的十幾家大型醫院簽約合作，只要是符合補助對象的，凡是看病就醫超過五千元以上者，由縣府負擔其醫療費用。

但總有一些人雖然貧窮，卻不符合貧戶規定者，則交由「立即辦理中心」專人到府訪查，與鄰里長徵詢，確認該人確實無力負擔醫療費用，則直接簽報縣長，批准後照規定適用。

許信良自己很感嘆，由於一年多後，爆發「橋頭事件」，他被迫離職，任內時間太短，這項政策到他離職時，僅動用了數千萬元，宣傳不足，效果非常有限，許信良一直引以為憾。

但這對留學英國期間，致力於研究歐洲社會福利國家制度的許信良而言，已經展現了他的政治哲學與信仰，在之後的台灣民主運動中，這樣的理念思維，還將一而再、再而三的鋪陳出來。

另一項「服務到家」的縣政改革，則跟他出身農家，長期對農民的關切有關。

所謂「服務到家」，指的是，「縣政府要求農會把農民需要的肥料直接送到農民家裡去，稻穀收成後，再由農會派人到家裡把曬乾的稻穀收回來」。

以往的慣例是，農民要先把稻穀繳交給政府，再到農會去領取肥料。農忙期間，農民要花額外時間載稻穀去農會，往往要排隊等驗收，過程不免要被刁難。而排隊等候的期間過長，原本乾燥的稻穀往往又會因為潮濕、露水等因素，變得不夠乾燥，農會便常以之為由，要農民載回家再曬乾，這一來一往，造成不便民甚至擾民。有些上年紀的農民，常常辛苦的來回奔波，完成了檢驗，還需自己背著稻穀爬進爬出的進出倉庫。最糟的是，還常常由於糧食局的經費尚未撥下，導致農民辛苦了大半天，仍拿不到錢，還得再度奔波往返！造成農民怨聲載道。

許信良在省議員期間，曾促成政府以高於市價四分之

一的價格，向農民徵購稻穀，這立意良好的政策，卻因為農會的人為因素，造成許多農民不願意送稻穀到農會，而讓地方米商扮演仲介，到農家收購稻穀，再運去農會以高於市價四分之一的價格獲利，拿走農民本該得到的權利，變相形成了官商勾結。

許信良縣長的改革措施是，親自與縣內十二個農會總幹事溝通，開會達十次以上。要求農會把肥料送到農民家，收成後再去農民家收稻穀，同時發錢給農民，限期在一個月內完成，開支由縣府編列預算。
送肥料、收稻穀的專車，則組成車隊，費用由縣府負擔。
收購稻穀的倉庫不足，則徵用國中、國小的禮堂權充倉庫。
為了不讓農會藉口拖延，許信良縣長親自拜訪省糧食局局長黃鏡峰，要求一個月內把應該發給桃園縣農民的錢都撥到農會去。

這一連串的舉措，促成了桃園縣「服務到家」政策的成功。行政院院長蔣經國還為此特別到桃園縣巡視，要許信良縣長陪同他參觀整套政策的執行狀況。

可以說，這項改革，在當時是相當轟動的政策。

5

儘管許信良入主桃園縣府後，確實勵精圖治，著手推
動他的縣政理念。不過，畢竟時代的大門已經敞開了
民主化的春天，許信良縣長回不去「此心長為中國國
民黨黨員」的從前，國民黨又何嘗能重回它以為的從
前呢！

美國作家馬克吐溫有句名言：「歷史不重複，但會押
韻。」
回顧許信良違紀參選成功後，到他因為參加「橋頭事
件」示威遊行，而被國民黨政府逮到機會休職的這段
期間，恰恰就是國民黨以為歷史可以重複，殊不知，
卻只是押韻的一段錯覺而已。

許信良縣長競選期間的「此心長為中國國民黨黨員」
的訴求，以及，他入桃園縣府後，短短時間內展現的

縣政企圖心，的確讓國民黨對他有了「昔日同志」的眷顧，進而有了「重回國民黨」的試探。

行政院院長蔣經國到桃園，進縣長官邸與許信良長談，許信良說蔣經國與他談了兩三個鐘頭，喜怒不形於色。有趣的是，聊的很多是台北市政，例如：問許信良關於捷運的高架或地下的優劣，讓許信良感覺蔣經國的「暗示性」。

之後，國民黨政策會秘書長趙自齊來找許信良，正式提出邀請希望他重回國民黨。

但許信良沒有答應。

此時的許信良，已經在違紀參選的情況下，當選桃園縣縣長了。他回顧當時的他，「在英國讀書的時候，已經一直在思考我能為台灣做些什麼？剛好有這樣的機會，讓我可以承擔對台灣的民主發展會有重大意義的歷史任務，我內心的興奮可想而知，怎會輕易放棄？」「也因為我當時已經成為推動台灣民主運動的關鍵人物，更加重了我個人對台灣的歷史責任感，所以，我

根本不會考慮重回到國民黨。」

不考慮重回國民黨的許信良，在「縣長許信良」的身分之外，必然還要選擇一個「黨外人士許信良」或「民主運動許信良」的角色。

這角色，使得許信良不僅與國民黨愈走愈遠，甚且，也在「黨外運動」中，找到他的切入、領導的地位。

這一切，要從「橋頭事件」的發生與緣起談起。而「橋頭事件」又要從1977年地方選舉，非國民黨人士的選戰大有斬獲談起。

1977年地方選舉，非國民黨人士當選四席縣市長，二十一席省議員，後來在黨外運動中，叱吒風雲的林義雄、張俊宏分別在宜蘭縣、南投縣當選省議員。這就鼓舞了1978年整個黨外運動的串聯。

張富忠回憶，「1978那一年可以說是黨外大爆發的年代，到處冒出新的挑戰者，許多高學歷的知識分子紛紛躍上反對運動的舞台，成為黨外新兵。他們參照許

信良選舉模式，出書明志。包括有哈佛大學碩士、新女性主義鼓吹者呂秀蓮《台灣的過去與未來》，台大哲學系副教授陳鼓應《民主廣場》，台灣歷史學者黃煌雄《國民黨往何處去》，鄉土文學作家王拓《民眾的眼睛》、《黨外的聲音》，大學雜誌作者何文振《給國民黨的諍言》，工人作家楊青矗《工廠女兒圈》，中國時報記者陳婉真《勇者不懼》等等。」

的確是風起雲湧之勢，可以想見，在保守的國民黨陣營內，亦相對激起了反彈、反撲的聲浪。

最主要是，1978年底有一場中央民意代表，國大代表與立法委員的增補選。從南到北，一長串的黨外人士名單都蓄勢待發，無疑都是前一年包括「中壢事件」的激盪效應的延續。

1978年10月，黃信介宣布成立「台灣黨外人士助選團」，甫出獄不久的的政治犯施明德，出任這助選團的總幹事，陳菊擔任秘書，「以民主、人權為主軸，主張解除黨禁、報禁、戒嚴令、改選萬年國會和司法

獨立。」

一個政團的模式隱然成形，「沒有黨名的黨」大概就
是在戒嚴體制之下，唯一可以嘗試的串聯之路。

但也在那一年年底12月15日，美國與中國宣布建交，
隔天16日，美國卡特總統宣布與中華民國自1979年1
月1日起斷交，很快的，國民黨政府也宣布暫停年底
的中央民意代表的增補選。

台美斷交的衝擊，台灣民主的訴求，都在那個1978
年的年底，持續燃燒到隔年。
這背景，是理解「橋頭事件」、「美麗島事件」的關鍵
氛圍。

6

許信良回憶1978年時，曾說他就任桃園縣縣長後，
對黨外助選團並不方便直接助選，只有私底下幫忙。

1979年1月21日，高雄縣政壇大老余登發與兒子余
瑞言，突然因「涉嫌參與匪諜吳泰安叛亂案」被逮捕。
許信良串聯了十幾位黨外人士，包括張俊宏、施明
德、艾琳達、陳婉真、陳鼓應、陳菊等，認為國民黨
連高雄縣老縣長余登發都敢抓，而他的女婿黃友仁是
當時的高雄縣長，媳婦余陳月英是當時的省議員，家
族政治實力雄厚，國民黨都敢動了，那其他的黨外人
士誰能自保呢？
於是他們決定隔天，1月22日，到高雄橋頭示威抗議！

這就是「橋頭事件」的過程原委。
由於示威當天是週一，台灣省政府便認定許信良「曠

職」，依照「公務員服務法」記過，還依「公務員懲戒法」送監察院審查，監察院通過彈劾，省政府再移送司法院公務員懲戒委員會，最後達成「休職兩年處分」的決定。1979年6月30日，休職通知書送到桃園縣政府，隔天許信良正式離開桃園縣縣府。

也在許信良被彈劾、休職的過程中，黨外人士籌設的《美麗島》雜誌，亦積極的規劃中，等許信良被休職

桃園縣長許信良（圖左）拜會《自由中國》發行人雷震（圖右）。（攝影：張富忠）

後，許信良擔任了社長，副社長分別是黃天福、呂秀蓮，總經理是施明德，總編輯是張俊宏，杭之（陳忠信）扛起執行總編輯的工作，負責實際編務，另一位執行總編輯是魏廷朝，負責潤飾文稿，姚嘉文、林義雄擔任財務管理人，負責募款。

1979年8月16日《美麗島》雜誌創刊發行，一再增印，各地設立的雜誌分社經銷處，簡直就像黨的各地聯絡處、辦事處，「沒有黨名的黨」，可以說雛形已然完備，要激起國民黨的反撲，激起保守勢力的反擊，幾乎是可以預期的。
果然不到四個月後，「美麗島事件」便爆發了！
只是，在那之前的9月底，許信良一家便離開台灣前往美國了。

之後，則是十年之久的流亡生涯，直到1989年偷渡回台，再掀許信良在台灣政治的新一波高峰。

上｜1979年8月，《美麗島》雜誌出版。（圖片提供：張榮華）

下｜《美麗島》雜誌社成員在台北市仁愛路上合影，前排右起呂秀蓮、黃天福、許信良、林義雄、黃信介、姚嘉文、張俊宏、施明德、林文郎；後排右起張美貞、陳忠信、劉峰松、歐文港、魏廷朝、楊青矗、吳哲朗、陳博文、紀萬生、謝秀雄、張榮華。（圖片提供：張榮華）

流亡美國

與成長

1

許信良何以在「美麗島事件」發生時，舉家在美國呢？
何以在風起雲湧的1979年底，他不在台灣現場？
乃至於後來長達十年之久，他「缺席了」台灣在地民
主化運動的浪頭呢？

政治學者吳乃德在《最好的時光》一書裡，對許信良
的「缺席」是很有微詞的。
而許信良老戰友陳婉真則回憶說，那是因為王昇對許
信良提出警告，國民黨政府會抓人。

但許信良接受我的詢問時，則回答得十分坦然，說
他在被休職之後，就曾想過要到美國進修，想去了
解台灣走向民主既然是勢不可擋的趨勢，那接下來
反對運動該怎麼走？反對勢力做好執政治國的準備
了嗎？這些林林總總的大議題，都需要有人認真去

思索，所以他才做了這樣的選擇，利用他被停職的期間去進修。

所以若依照許信良的解釋，他實在也無法預知後來會發生「美麗島事件」，更無法預知自己會與台灣在「後美麗島時期」，脫節了近十年之久！而且，在美國的流亡生涯，極其艱辛！

許信良的說法，其實是合理也可以接受的。

畢竟以他的性格來說，要說他會逃避，會閃躲「美麗島事件」，並不合理。否則，當上縣長的他，在「橋頭事件」上就不該那麼勇敢的衝撞了。

更何況，他在美國甫聽聞「美麗島事件」爆發，當下便挺身而出，毫不顧慮自己能否回台，而國民黨政府也對「缺席美麗島事件」的他發出通緝令，可見事前聽聞警告而離開台灣的說法，不僅不合理，而且還是頗有居心的汙衊。

無論如何，離開台灣兩個多月後，爆發「美麗島事件」，許信良遭到通緝，他的政治態度與訴求，自此有了極大的轉變。

到了美國的許信良，在「美麗島事件」爆發後，努力的說服海外台灣人團體要團結對抗國民黨政府，於是組成了「台灣建國聯合陣線」（Coalition for Taiwan Nationhood，CTN），不過根據陳婉真的描述，她覺得不管是財務，還是組織合作上，許信良都遭遇到很大的困難。

1980年8月，許信良辦了《美麗島週報》，支撐了五年多，直到1986年。

這期間，許信良最大的收穫，應該是認識了在西雅圖華盛頓大學攻讀博士學位的陳芳明。

詩人出身的陳芳明，不只放棄了學業，專心投入辦報的活動，甚至成為許信良後來返國，繼續政治事業時的好幫手，擔任民進黨「許信良主席」的文宣部主任。

在美國期間，許信良先後辦了《美麗島週報》、《台灣民報》，可以想見，過程都非常之艱辛。

陳芳明在〈曾經發生在洛杉磯〉一文裡，是這麼敘述許信良的辛酸。

「那段時期，報社常常陷於嚴重的財政困難之中，現在回想起來，無疑是一場噩夢，能夠那樣維持下去，乃是憑藉了一股意志。」

陳芳明說，他與許信良總是去最廉價的墨西哥餐廳解決吃飯問題。「許信良不免會自我解嘲，沒想到會落魄到這種地步。」

許信良會在深夜到陳芳明的租屋處，長談許久，離開時「洛杉磯已陷入使人發慌的寧靜裡」。

陳芳明很感性的寫到：「就在那樣的時刻，我才仔細體會了他意志上所受的考驗，以及他長期所表現的抵抗精神。如果是在台灣，他一定能夠發揮他的運動策略，只有在島上，他才能找到戰場。流亡在異鄉，他唯一可做的，便是磨練自己的心志，等待最佳的時機。」

我還是一定要回來！

～許信良致鄉親父老的感謝書

1986年11月30日，桃園機場事件後，許信良致鄉親父老感謝書〈我還是一定要回來！〉。

陳芳明的觀察，一方面交代了許信良在美國的流亡歲月的淒苦，另方面，則說中了許信良不斷戰鬥，不斷苦其心志的等待，果然等待出了他最終偷渡回台，再掀個人政治風潮的歷史時機。

2

許信良在美國流亡期間，一直在觀察台灣的形勢，也一直不停的辦報，串聯左右各方勢力，組成聯合戰線，以團結對抗國民黨政權。

許信良常常被政敵批評為「變色龍」，當然跟他從國民黨跳到黨外，再從體制內民主運動跳到在海外宣揚台獨建國，然後又回到體制內，與國民黨李登輝政權聯手合作修憲，以及，後來主張「大膽西進」等等變化看似極大、迥然不同的行徑有關。

不過，觀察他許久的文化大老林衡哲則認為，許信良「不是史明那種堅守原則的革命家，他像梁啓超一樣，常常不惜以今日之我與昨日之我挑戰，隨著時代環境的變化，他也不斷地在調整他自己的見解，也因此他被台灣人的政敵稱作『變色龍』」。但「他的『善變』是梁啓超式的而非郭沫若式的」。

林衡哲的分析，如果再對照老戰友陳芳明對許信良的特質觀察，輪廓其實就更為清晰了。

許信良在陳芳明眼裡，是典型「運動型的政治人物。他有觀點、有視野、有策略、有理論基礎；即使在最為艱難的條件下，他總是能夠保持活潑的運動觀」。

而且許信良「與傳統書生最大不同的地方，便是他把政治、經濟、社會當作動態的有機體。當他做分析時，完全不做平面的、局部的、靜態的考量；而毋寧是立體的、全面的、動態的解剖」。

林衡哲、陳芳明的近身觀察，都提供了我們了解許信良很重要的視角。尤其是在美國流亡期間，那樣艱困的生活條件，那樣苦悶的心靈孤獨，尤其能彰顯一個政治人物的理想堅持，與奮戰的意志。

梁啟超式的「善變」，是結合各種可能資源，實踐自己的理想；郭沫若式的「善變」則是投機式的西瓜偎大邊，兩者完全不同。

毫無疑問，許信良不是一個死守某種政治抱負到底的

意識形態工作者，而是一位在各種機遇裡找機會實踐
政治抱負的務實主義者。

於是，外界看似「變色龍」的蛻變，實則是他在變色
的包裝下，尋求實踐台灣民主化目標，追求黨外運
動、反對黨運動的長期戰略。

這種落差，或可解釋何以長久以來，許信良始終是被
誤解最多的政治人物之一，而偏偏，他又是不太在意
外界批評、大而化之的個性。

但，若不是這樣的灑脫性格，那麼多年的大風大浪，
他如何能撐得過呢？那麼多的流言蜚語，明刀暗箭，
他又如何能樂觀以待呢？

3

許信良的妻子鍾碧霞，寫過一篇〈隨夫波折十八載〉，
詳述了她嫁給許信良之後，看著許信良投身政治的處
境變化。

對流亡美國期間的艱苦，也有第一手的記載。

許信良為了辦雜誌，除了自己承擔寫稿、編輯的工
作，還得為每期的開銷四處募款，常常與人約好了要
去取款，卻不料跑了老遠的路，趕到那，對方卻爽約
了，或後悔或避不見面。

在拮据的經濟下，雜誌繼續出刊，許信良還得有一餐
沒一餐的以漢堡裹腹，好不容易雜誌出刊了，又要一
捆一捆的，把雜誌拿去郵局郵寄，或載到各地書報攤
寄賣。

而許信良開的破車，就是陳芳明提及的，到他洛杉磯
租屋處長談至深夜的那輛老爺車。鍾碧霞說，每次看

許信良駕著那輛破車出門，她就擔心他的精神能否支撐得住長途跋涉，她就擔心那部老爺車會不會在路上便拋錨報銷了！

這些敘述，都大致捕捉了許信良在美國流亡期間，生活的困頓，經濟的拮据，但唯一不改其志的，是依然鬥志昂揚，依然關心台灣民主的未來，只要一談到這些話題，他就整個人「活了起來」。

鍾碧霞為了維持家計，在美國期間，賣過百科全書，買了一部小貨車四處兜售陶瓷藝品，也經營過飾品珠寶的批發，漸漸的，竟在異地發展出做小本生意的能耐。

但日積月累的心力交瘁，身體疲勞，最終讓鍾碧霞病倒了。但龐大的醫療費用，讓她不敢住院，還要忍著病痛，不敢告訴已經為了雜誌編務、發行經費，傷透腦筋的丈夫許信良，以免增加他的煩惱。

那真是一幕幕「貧賤夫妻百事哀」的畫面。

但即便日子這麼困塞，許信良對台灣島內的政治條件
的變化，仍然維持機敏的觀察，高度的敏銳分析。
他對「美麗島事件」後，台灣黨外運動的曲折發展，
始終保持著頭腦清晰的視角，例如：針對1982年後持
續了一年多的黨外路線之爭，提出來建議黨外新生代
應該認真反省他們與黨外領袖之間，意見分歧的根源
究竟在哪裡？

許信良批評，在所謂溫和的改革主張裡，隱藏了台灣
資產階級對現狀改變的恐懼。於是，黨外運動不可能
和這樣的人在民主運動道路上一起走到底，而必須是
與「台灣的工人、農民、和都市貧民」堅定站在一起，
才會獲得源源不絕的力量。
他更批評，當時黨外後援會提出的「共同主張」，是
「催眠的政見，不是戰鬥的政見」！

因為「共同主張」的第一條，「台灣的前途應由台灣的
一千八百萬人民共同決定」，看似強而有力，但第二
條「依據憲法精神，適應現狀，制定國家基本法，取

消臨時條款，解除戒嚴令，並重組國會，開放黨禁、報禁。」則都自限於一般性的原則主張，並沒有對「現行的具體的不符合這一原則的制度提出挑戰，不會有鼓舞群眾的作用，甚至不會激怒統治者」。

所以許信良跨海主張，提出「戰鬥的政見」、「激怒統治者的政見」是：

一、總統民選。

二、釋放政治犯。

三、廢除死刑。

四、全面免稅、減稅。

    1. 反對向小店戶增稅。

    2. 反對向攤販課稅。

    3. 免除勞工所得稅。

    4. 廢除田賦。

    5. 免除農民舊欠。

五、反對國民黨現行之穀物進口政策。

六、對勞工實施每週五日、每日八小時工作制。

七、勞工有權優先接管積欠工資之倒閉工廠。

八、勞工參與處理積欠工資之倒閉工廠，其積欠工資優於一切償還。

九、公營事業實施員工監督制度。

許信良還豪氣的做結論：這樣的政見會嚇走所有妥協的、放水的黨外領袖。這樣的政見，會讓黨外的兩條不同路線，更明白的呈現在黨外群眾的眼前。

又譬如，對1983年黨外後援會（以當時黨外公職人員為主體）的年底立委選舉推薦策略，許信良也毫不客氣的批評，「是非常膽小的、保守的，而且錯誤的提名策略」。

為何呢？

因為「現在的黨外領導者對黨外運動的任務或者缺乏正確的認識，或者缺乏承擔的勇氣，而且顯示了他們甚至對這次選舉的選情也缺乏全盤的了解」。

許信良當時人在海外，已經流亡了近四年，但他對台灣的選舉分析，拉開的視角，其實遠比在台灣當時領

導黨外的許多中央公職人員要更具企圖心，更具戰略性高度。

這些觀點，並非許信良一時的興之所至，事實上，反映了許信良對「選舉推動台灣民主化」、「選舉帶動社會參與民主化」的高度信心，在未來，當他返回台灣後，領導民進黨時，將再度展現他這些觀點的戰鬥性。

4

許信良對「選舉的功能」的重視，與不少當時黨外公
職人員的認識，是大不相同的。

當時以黨外公職人員為核心的後援會，在意的，是如
何以有限的選票，確保可當選的名額。

這個策略，自然會顯現出一定的保守性。

但在許信良看來，這不僅是保守而已，而根本是「錯
誤的」。

因為，這樣的提名策略，由於自身的保守性，反而讓
國民黨更沒有壓力，更肆無忌憚的，藉由「選舉的局
部化」來鞏固其政權的正當性。

而且，由於黨外運動在「美麗島事件」後，並未窒息，
反而蓬勃發展，保守的提名策略，不但未能迎合這樣
的社會期待，借力使力的推動民主化浪潮，反倒因為
提名保守，僧多粥少，反而讓黨外陷入分裂的危機。

許信良的觀點是，勇敢積極的提名戰略，可以直接給國民黨政權壓力，可以帶動台灣民主化氣勢，而非斤斤計較於黨外可以確保當選幾席。而且，「少提名，並不能擔保高當選率」。

那一屆的國民黨提名策略，是多提名，多當選，要一鼓殲滅黨外。

許信良與黨外後援會的觀點最大差異是，黨外後援會面對國民黨來勢洶洶的選戰提名，要的是確保現有席次，但許信良卻主張「採取守勢，就自取敗亡」、「唯有大膽攻擊，才有生機，才有新機」。

許信良最精采的論述，無疑是針對當時黨外後援會普遍悲觀的「職業團體選舉」，吹起了最具戰略高度的攻擊號。

由於國民黨威權體制，深入職業團體，因而長年以來，職業團體的中央公職選舉，幾乎全屬國民黨禁臠，若非國民黨提名者囊括，便是國民黨「禮讓」友好的無黨籍人士。

黨外不少人根本不想在這領域挑戰國民黨。

可是許信良的想法大異其趣。

他認為，正因為黨外不去挑戰，才讓國民黨在職業團體選舉裡，予取予求。

當國民黨可以在職業團體名額上，予取予求時，它不但更掌控了國會的優勢，反過來，它還可以好整以暇的，把資源投注在區域選舉裡，全力對付黨外。

許信良的分析是，黨外對職業團體選舉視為畏途，原因在於，一、不接觸職業團體；二、不研究台灣社會發展現況。

黨外認為職業團體分布遼闊，成員分散，不容易針對他們從事競選活動。

但許信良在這議題上，展現了他確實是從《台灣社會力的分析》起，便著力於社會趨向的分析研判。

他說社會發展型態，早就把「任何職業的人都帶上了都市的街頭。即使競選職業團體的代表，你也可以到都市的街頭去，而不必到他們工作的場所」。

這段話，非常精準的投射了許信良對「街頭政治」的理解，也非常精采的，把選舉可能的效應，做了深入社會各角落各階層的準確預測。

一點也沒錯。台灣民主化的推動，是無數民主前輩打拚犧牲的累積，但開了民主選舉的窗口後，更大膽的藉由選舉的衝擊，也推開了鐵門、柵欄，而邁向全面民主化的沃野。無疑，民主選舉需要更勇敢的嘗試。

從流亡海外時期，許信良對島內選舉的縝密關注，對黨外選舉應該更大膽的布局來看，他主張的總統民選訴求，他主張的選舉萬歲路線，在在都是後來台灣全面民主化中，政治實踐在走的一條道路。

5

許信良流亡美國期間，台灣的民主運動也熬過了「美麗島事件」的撞擊，重新走上衝撞體制的道路。

由於黨外精英，大部分在「美麗島大審」中入獄，1980年代展開的黨外新頁，紛紛以美麗島家屬，以及新生代為主幹，波瀾壯闊的黨外運動，讓人在海外的許信良，相當煎熬。

他非常想回台灣。

許鍾碧霞曾經寫到，某天在家裡她發現了一包許信良藏的東西，打開一看，赫然是兩本護照，一本是許信良的名字，另一本則是他人的名字，其中還有假髮，及一堆照片、相關文件等等。

許鍾碧霞直覺這是許信良要偷渡回台的準備，她憂心忡忡，決定把它燒了。

果然，許信良後來遍尋不著，發現被燒了，足足跟她鬧了近三年的冷戰。

但許信良怎麼可能放棄台灣民主化的浪潮，而置身於太平洋的遠端，只能寫文章，無從積極的作為呢？
1986年5月1日，許信良退出台灣革命黨，在紐約籌組了「台灣民主黨建黨委員會」，公開宣示要在年底遷黨回台。

為何會有這一天的行動？
原來4月9日，蔣經國指示國民黨成立「革新小組」，這讓許信良嗅覺到政治氣氛即將有所變動的訊息。
他決定有所行動了。

果然，在6月12日蔣經國進一步指示，研究解除戒嚴、黨禁，以及調整中央民意機構等重大變革方案。

許信良的舉措，既宣示了許信良不甘心自外於台灣民主運動的主旋律之外，也顯示了他的政治敏銳度，判

斷組黨的民主化里程碑，為期不遠了。

很快的，1986年9月28日，民主進步黨宣布成立。隨即，許信良把「台灣民主黨建黨委員會」更名為「民進黨海外支部」。

該年11月30日，許信良從馬尼拉登機，試圖闖關回台，陪他搭機的有日本記者若宮清、美國前司法部長克拉克。

由於1986年菲律賓知名的異議人士艾奎諾，才因為不顧獨裁者馬可仕政權的警告堅持返鄉，在馬尼拉機場甫落地便遭到槍擊死亡，震驚國際，而日本記者若宮清就是現場見證人之一，因此，他陪同許信良返鄉闖關的意義非比尋常。但許信良的闖關到底結果會如何，其實連他也沒有完全的把握。

不過，國民黨政權顯然記取了艾奎諾遇刺事件的教訓，採取了在機場布下重兵，阻絕來機場迎接許信良的群眾以及年底選舉的民進黨參選人。同時，不讓許

信良下機，而是監控他，原機遣返馬尼拉，使得這次闖關以失敗告終。

但許信良則成功在國際媒體上大為曝光，中正機場則因為接機群眾不耐，而爆發警民衝突，登上當時的頭條新聞。

許信良闖關不成，卻對剛成立的民進黨高層造成強大衝擊，他們既不願意對爭議性高的許信良闖關正面表態，卻也不能不面對上萬支持者去機場迎接許信良的嚴肅現實，更何況，「黑名單人士返鄉」是黨外到民進黨一貫的人權訴求，民進黨高層如何能拒人（拒許）於千里之外呢？

可以說，許信良藉由這次的闖關不成，為自己營造了迫使民進黨高層「必須接納他存在的事實」，而更由於他深知這個闖關動作有助於拉抬民進黨在年底選舉的聲勢，而成功的讓「許信良」這個名字，重回台灣本島民主運動的主流脈絡裡，而非只能在海外望梅止渴的異議人士而已！

誠如他的老戰友陳芳明說的,「只有在島上,他才能找到戰場。」

毫無疑問,經由1986年的闖關,雖然失敗,但許信良已經告訴對他維持距離的民進黨高層,「他要回來了!」「他要回到台灣找回他的主戰場了!」

沒錯,該年底的選舉,甫成立的民進黨拿下十二席立委,十一席國代,絕大多數都是該選區的第一高票,總得票率超過兩成之多! 這其中,包括了許信良的胞弟許國泰,也在桃園高票當選立委。

找回戰場

IV

1

時序到了1987年，蔣經國健康愈形惡化。他似乎也有預感，遂加快了鬆綁的政治工程。

台灣已經到了歷史里程碑的門檻前了。

5月30日，美麗島大審中的黃信介、張俊宏、黃華、顏明聖等六位政治犯被釋放出獄，「美麗島事件」受刑人，僅剩被判無期徒刑的施明德，還在獄中。

7月間蔣經國與一些台灣友人見面時，刻意傳遞了「來台灣已經四十年，是台灣人，也是中國人」的訊息。

蔣經國說自己是中國人，毫不意外，不算新聞，但說自己是台灣人，絕對是新聞大號外，絕對是國民黨政權最關鍵性的自我重新定位。敏感的政治人物，一定嗅覺出「時代要改變了」！

這訊息，必然激勵台灣的民主運動，也對國民黨內的本土化趨向，產生難以估計的衝擊與影響。

放眼後來國民黨內因李登輝接掌黨政大權所引發的主流非主流鬥爭，以及，「新國民黨連線」的出走等等風暴來看，其實都無非是「蔣經國的我也是台灣人」，這座新里程碑的後續註腳了！

1987年11月19日，中壢事件10周年紀念活動。（攝影：邱萬興）

當時，人在獄中的施明德，人在海外的許信良，大概都還難以預估他們兩人未來的命運，不過，他們也一定嗅覺到這股特殊的政治風向。他們應該都自信滿滿，只有活著，只要還有一口氣在，他們對台灣的民主運動，必然不會輕易放棄，而之後的民主舞台，也的確將見證他們兩人的歷史位置。

1987年10月17日，許信良再度從日本轉香港，企圖闖關，他輾轉從東京到香港，再轉韓國，想回台北，但被航空公司識破了，根本不讓他登機。最終仍失望回到美國。

1988年元月伊始，台灣解除報禁。
1月13日蔣經國猝逝，李登輝繼任。
台灣人第一次站上權力的最高舞台，雖然前景仍然乖舛，不過政治嗅覺敏銳的許信良，已然知道必須加快他的腳步了。
再不回台灣，他無法加入即將到來的民主劇變。

1988 年 2 月 11 日，許信良再度持假護照裝扮成菲律賓人，想從菲律賓闖關。但在機場便被菲律賓海關識破，功虧一簣。

1988 年 7 月，李登輝當選國民黨主席。
1989 年年底又要舉行立委選舉，許信良決心再次試試重返台灣。但這次，他記取了幾度機場闖關不成的教訓，而決定改從海上偷渡的方式進入台灣。
他的靈感，來自於當時兩岸相當猖獗的海上走私交易與偷渡。

這回，許信良讓妻子許鍾碧霞提出返台申請。
他則到了香港，悄悄進入福建省，在台商友人的安排下，於福建外海，登上台灣走私漁船，航向台灣。

這回「他成功了」。
他在屏東縣小琉球外，被緝私船查獲，那是 1989 年 9 月 27 日，隔天凌晨，他被十一輛偵防車載往台北看守所。

當天早上消息傳開，土城看守所於焉成為各路人馬
「前往朝聖」的熱點，尤其是想要參選的民進黨人。

許信良藉由偷渡被捕，成功塑造了自己成為台灣政治
的熱門焦點！

之前，對許信良已然陌生的民進黨新生代，現在知
道許信良了。

當時，對許信良保持適當距離的民進黨高層，如今
也得面對偷渡回台，把土城看守所當成會客室的許
信良了。

2

在看守所裡的許信良，除了接見來自各方的民進黨候
選人外，他也專心為自己即將被起訴，撰寫他的辯護
文字。

而高檢署起訴他的理由，依舊是「美麗島事件」的叛
亂罪嫌，當美麗島家屬紛紛獲得選舉勝利的「社會平
反」，以及受刑人陸續被釋放的「實質平反」下，司法
機構的「叛亂罪嫌起訴」的確顯得十分突兀！

高檢署的起訴書，全名是〈許信良涉嫌叛亂起訴書〉，
引用的證據，是十年前「美麗島大審」時，涉案人的
所謂自白書，包括黃信介、張俊宏、施明德、姚嘉文、
林義雄等，起訴書認定許信良是「奪權小組」的「五
位成員」之一；再加上，許信良在流亡美國期間，成
立「台灣建國聯合陣線」的訴求，以及在《美麗島週

報》上發表的都市游擊戰等文章，堆砌出以武力推翻
政府的叛亂證據。

在「美麗島事件」十年之後，
社會形勢已然翻轉的當時，國
民黨政府的起訴許信良叛亂罪
嫌，實在是非常之突兀，甚且
荒謬。

但有意思的是，許信良委託的
三位辯護律師，張政雄、李勝
雄、陳水扁，固然是黨外時期

1989年10月10日，土城
事件。（圖片提供：張富忠）

起便投入民主運動的法律健將，但其中的陳水扁卻是
下一個十年後，「阻攔」許信良總統夢的關鍵人物，
只是當時，許信良戰鬥意志高昂，而陳水扁則旭日東
昇，兩人都無法預知十年後的各自際遇！

許信良在被起訴開庭後，發表了一份聲明，〈人民有
革命的權利──我對「美麗島事件」的聲明〉。

這份聲明，可以說是許信良「缺席了」美麗島大審十年後，重新站回本來也該有他的大審法庭上，為自己辯護，為昔日之同志們辯護的一份鏗鏘有力的文件。

他痛批檢察官繼續沿用「美麗島事件」當事人的「自白」當證據的荒謬，因為那些都是身心備受煎熬下，被羅織的罪名，根本就是一場冤案。

他進而對《刑法》一百條的「內亂罪」定義含混大加撻

1989年10月10日，來自全台的群眾，前往土城看守所，要求釋放許信良。（攝影：邱萬興）

伐，痛斥〈懲治叛亂條例〉的「叛亂」定義，完全踐踏人權，經不起法治社會最基本的檢驗。

許信良為「美麗島事件」做了新的詮釋：那是一場民主運動，而非一個叛亂事件。

許信良說，「對完全沒有可能以和平手段改變的暴政，人民有革命的權利。」

1989 年 10 月 10 日，土城事件。（攝影：邱萬興）

許信良說：「我無罪，我不需寬恕，相反的，我懷著寬恕的心回來，準備寬恕過去的迫害，但不能容忍繼續的迫害，既往可以不究，但今後必須計較！」

這些文字，如今讀來依然鏗鏘有力，令人激奮。事實上，這些文字都經過許信良自己的字斟句酌，看出他深厚的政治思維與歷史脈絡的清晰。日後，我們還有不少機會看到他的思索文字。

國民黨司法當局對許信良的叛亂罪審判，雖然荒謬，不過這場戲還是要演下去的，許信良被判刑十年，罪名：「叛亂罪」！

可是，歷史見證了這場司法大審的荒謬可笑。
五個月後，李登輝就任中華民國第八任總統，宣布特赦政治犯。

許信良出獄了！

3

1990年5月20日李登輝擺脫主流非主流的泥淖，與他
親自挑選的副手李元簇，就任中華民國第八任總統。
李登輝宣布特赦政治犯，許信良出獄。
接著李登輝召開「國是會議」，許信良與「美麗島事
件」受刑人一同參加了「國是會議」，從海外流亡異
議人士，入獄政治犯，再成為總統座上賓，許信良
並不以此為滿足，他的「民進黨黨主席時代」，才要
開啓大門而已。

接下來的兩年，台灣政局變化極為快速。
國民黨內的非主流勢力，雖然仍意圖阻撓「李登輝路
線」：改造國民黨，改革政治體制。但，在台灣化、
本土化的時代趨向下，這已經是國民黨本土派與民
進黨相互呼應改革的時代了，歷史進程儘管有波瀾起
伏，但江水東流則無可逆轉。

〈懲治叛亂條例〉廢止。

〈刑法一百條〉修正。

多少爭取民主的人士，因之而付出囹圄代價的，惡名昭彰的「意圖叛亂」，就此走入歷史。

國會全面改選，動員戡亂時期告終，嶄新的歷史新頁展開了。

善用謀略的許信良，在1990年代看出了國民黨內主流非主流鬥爭的端倪，對台灣進入全面民主化的重要意義。

1990年5月21日，民進黨黨主席黃信介爲許信良與施明德在台北國賓大飯店舉辦特赦出獄記者會。（攝影：邱萬興）

1990年6月10日，許信良在中壢舉辦感謝人民晚會。（攝影：邱萬興）

出獄後，他積極號召民進黨與李登輝路線合作，不必被「李登輝情結」給絆住。要積極與李登輝領導的國民黨合作，完成台灣體制的改革。

「國是會議」是他實踐這理念的合理反應。

但許信良不是不明白，黨外組黨成功的目標，就是要邁向政黨政治，以政黨輪替，以民進黨邁向執政，做為反對黨的崇高使命。

於是，如何與李登輝的國民黨「既合作，又競爭」，就成了許信良在獄中，以及出獄後，念茲在茲的要務。

當台灣走向民主體制，全面民主化之後，民進黨要透過選舉，來取得執政的機會。

「選舉總路線」的時代，許信良認為開始了。

他說：「選舉是反對運動最有效的、最廣泛的動員群眾的途徑，這是台灣政治反對運動經驗中最平凡的，也最無價的常識。」

他說：「捨選舉路線，台灣的政治反對運動沒有任何其他可以獲勝的路線。」

當時許信良支持李登輝路線，想必內心一定也很複雜。李登輝是許信良《大學雜誌》時代認識的農業學者，李登輝還曾參與對《台灣社會力的分析》一書的座談討論，文字紀錄仍在，但近二十年後，李登輝已貴為國民黨主席，中華民國總統，而許信良則經歷了國民黨昔日的台籍精英，脫黨違紀參選，成為黨外異議人

士，流亡海外被通緝，再偷渡返台被叛亂罪入獄的種
種歷程。

而最後的「特赦」，竟還是李登輝總統宣布的！
人生際遇的差異，看在「國是會議之主人」李登輝，
以及身為「國是會議之賓客」的許信良眼裡，應該格
外有意思吧！

也許那時，許信良便有了「以後我即將挑戰你」的念
頭了吧！
但那還要再等幾年之後。當民選總統的時代來臨時。

4

當國民黨逐步迫於形勢，往改革、開放的里程碑踟
躕前進時，台灣事實上也要面臨「往何處去？」的新
議題。

民主是不可逆的大趨向，全面民主化的台灣，勢必更為
台灣化。
而「台灣化」的台灣，如何與中國大陸相處呢？

善於超越時代眼光的許信良，後來提出「大膽西進」
的戰略構想，引發民進黨內的爭議，不過，其端倪無
非是預見了中國的改革開放，所需要的人才、資金、
技術等等，都是當時其它華人社會包括台灣、香港、
新加坡等可以提供的，因此只要中國大陸「放棄領土
的侵犯，就可以引進大筆資金開發，這樣可以形成東
亞共榮市場」。

許信良的前瞻思索，若以後來中國在1990年代以後的發展來看，確實有相當程度的遠見。不過，卻也明顯與民進黨的主流思索，乃至於後來李登輝總統的「戒急用忍」有著相當的差距。

這不僅僅造成許信良與民進黨的漸行漸遠，也讓他逐漸被視為，雖是有遠見的政治人物，但卻在台灣的選舉市場上，漸漸被主流的台灣意識給拋在後面了。

這或許也是倡議「選舉總路線」的許信良，始料未及的歷史弔詭吧！

「李登輝路線」是國民黨走向民主化、本土化必經的歷程，或許在國民黨內也不是沒有這樣的一般認知，只是國民黨內非主流的精英卻無法承受這樣的權力典範，帶來的劇變。

最重要的，國民黨若全面民主化，勢必在許多政治工程的改造上，就要呼應民進黨長年以來的訴求，例如國會全面改選、總統直接民選、乃至於修憲等等，這都是民主化、本土化、台灣化，在概念意義上被接受

時，已經隱含的現實劇變衝擊，對許多國民黨內的非主流精英而言，這是現實處境的巨變，也可能是政治資源的流失，當然會引發各種反彈。

許信良在這個時期，一方面，提出「選舉總路線」，當然是希望朝野都能透過民主選舉的全面化，帶動國家體制的大改造；另方面，對民進黨內、對台灣民眾，不得不面對的「李登輝情結」，亦即，「台灣人出頭天」的期待心理，也必須有所回應。

但弔詭的是，一旦李登輝化身成台灣民主化、本土化、台灣化的典範象徵，民進黨就必須站在他的同一邊，來協助他對抗國民黨老舊勢力的反撲，因為唯有如此，才能達成民進黨與李登輝支持者的聯手改造台灣。

許信良大力主張民進黨要參加國是會議，尤其在體制的改造上，要跟國民黨主流派攜手合作。

這主張確實借力使力的，讓國民黨內的主流與非主流的矛盾加深，促成國民黨的長期分裂，但也讓李登輝

個人在改造台灣民主體制上，扮演推動威權體制轉型為民主體制的靈魂人物，讓他贏得「民主先生」的讚譽。

這代價是，第一次直接民選總統的歷史光環，讓聲勢正盛的李登輝給拿走了，而立志做總統的許信良卻在「李登輝情結」已成氣候的氣氛下，在民進黨內的初選輸給台獨大老彭明敏，而彭明敏又在總統直選中敗給李登輝。

這不能不說是想要協助李登輝度過黨內政爭的許信良始料未及的形勢。

李登輝藉由「李登輝情結」，展開了他個人的權力高峰，同時也裂解了國民黨的板塊，間接促成民進黨後來的中央執政。

但，許信良卻在他大力推動的歷史進程中，要被拋在一旁了。

他注定是一位悲劇英雄嗎？

新興民族

V

1

許信良是個善於思索的政治人物。

這幾乎是與他共事過的人，或理解他的人，都會有的共識。

但他的個性大而化之，不拘小節，則為他招致許多不必要的麻煩與誤解。

對許信良的政治思維非常推崇的陳芳明，曾對許信良與台獨大老史明，兩人從惺惺相惜，到分道揚鑣，感嘆過一段文字，其中也等於對他的老戰友的性格弱點，做出了真誠的評價。

「許信良與史明的合作，是很正確的做法。事實上，許信良在私底下非常欽佩史明的毅力；對史明所寫的《台灣人四百年史》，更是熟讀不厭。這個同盟後來之所以失敗，許信良應該負起較大責任。他是那種粗枝

大葉、不拘小節的人，不像史明那樣認真執著，那樣辛勞嚴肅。這種性格上的相異，遠遠超過意識型態與運動上的分歧。」

陳芳明的觀察，或能註解許信良在重返台灣主戰場後，雖然也能引領風騷，兩度擔任民進黨黨主席，帶領民進黨貫徹「選舉總路線」。
但他不拘小節、大而化之的個性，一方面為他累積了意外的黨內敵意。再者，也由於一些外界的誤解，他又一副不在乎的神情，而導致他想邁向總統之路上，平添許多無謂的障礙。

但許信良真正與他的政黨民進黨愈走愈遠的關鍵，除了他的性格外，最大的落差，應該是在他對時局的分析，總是超越他的同志，跑在前頭。
許多的爭論便環繞於此爭執不休，等到日後時機成熟了，大家又不把功績記在許信良之前的未雨綢繆、先見之明上，對許信良來說，這無疑是「先行者的苦澀」。

兩岸問題的研判與分析，是許信良在90年代後期起，與民進黨漸行漸遠的分水嶺。

我們如今回過頭看，在1996年總統大選後，該年底，許信良透過其辦公室舉辦了「兩岸關係與大陸政策研討會」，提出兩個大議題，認為台灣必須要面對：一、台灣的民主、憲政秩序的重建；二、與中國大陸的互動，如何建構合乎兩岸利益的平等、互惠關係。

他反對台獨的訴求，認為「台灣以中華民國的名義，已就是獨立的在台灣的國家，大家也意識到應該維持下去，也就是維持與中國分離的現狀。如果還有什麼分歧，就是要不要改國號、國旗的問題」。

這段思維，證諸後來的發展，李登輝總統公開說「中華民國在台灣已經是主權獨立的國家」，更經常交錯運用「中華民國」與「台灣」二詞來看，足以證明許信良深知在「中華民國」與「台灣」兩個概念之間，謀求一種動態平衡的政治技巧、政治智慧。

更不要說，在21世紀之後，民進黨蔡英文總統，更是把這兩個概念合而為一的，常常直接講「中華民國台灣」了。

然而，在當時，這樣的嘗試，無疑又是「先行者的苦澀」，許信良被台獨教義派痛批，在民進黨內亦有反對他主張的聲音。

但許信良並不畏懼這些質疑，他仍然義無反顧的，相信自己的「先行者判斷」。

要說許信良背棄他一貫的台灣路線，這當然是誤解，只因為，許信良認為，當中國大陸要崛起之前，台灣既要快速全面的民主化，以建立全球華人社會的領先地位。再來，就是以台灣仍領先中國大陸的經濟實力，創造兩岸可以和平對話、互利的條件，讓「台灣因素」去影響，去引領中國的發展。

這時期，許信良已經在醞釀他的「新興民族」的理念了。這，又是走在他的民進黨同志之前。

2

早在1991年1月22日許信良就祕密訪問了北京。雖然黨內批評反對的聲音不少,但許信良卻持續他一貫主張民進黨應該與中國接觸的基本原則。

因而並不避諱外界對他的猜疑,甚至黨內對他接受中國資助的攻擊。

這就是許信良!

他大而化之的個性,使他不在乎,也不求即刻當下的解釋,似乎認為事物總有它被理解的恰當時機。

李登輝時代的大戲碼,是「兩階段修憲」,許信良全力從在野黨的角度,協助李登輝主導的國民黨推動總統直選。

1991年4月17日，「反對老賊」修憲大遊行，左起許信良、黃信介、施明德、張俊宏、陳永興。（攝影：邱萬興）

李登輝贏得台灣歷史上第一次人民直選總統後，很明顯的，他也要證明自己能掌握黨政大權，主導國民黨的本土化、台灣化。

他挑選連戰出任行政院院長，讓台灣人第一次不僅選上總統，還當上最高行政首長的閣揆。

「李登輝情結」並未在李登輝掌握國民黨大權後，即在台灣社會褪色。

1994年縣市長大選，李登輝全面主導提名，要與協

助他推倒黨內非主流挑戰的民進黨，全面爭取台灣選民的認同。那也可以說是李登輝與許信良兩位黨主席，第一次的對壘。

許信良率領的民進黨席次維持平盤，但得票率僅僅與國民黨相差六個百分點，是41％對47％。

許信良兌現他的選前承諾，席次未過半即請辭黨主席。

這看似可惜的結局，卻讓許信良有了重新再思索民進黨未來的新契機。

他認為台灣選民不放心民進黨，乃因台灣多數民意還是支持「維持現狀」，而民進黨到底要如何證明：它的執政可以確保兩岸關係穩定不惡化？因而，「中國政策」的藍圖，必然是民進黨要找尋答案的大議題。

他的《新興民族》一書的念頭，已經在腦海裡盤旋了。他要以競選1996年總統，做為宣揚「台灣人是新興民族」的起點，並以當選總統，來推動他的以台灣引領中國發展的雄才與大略。

3

許信良在與彭明敏爭取民進黨的總統提名時落敗，無緣於1996年歷史性的總統直選。

但他還是在1995年推出了《新興民族》一書。

他擷取蒙古、滿洲、荷蘭、英國、日本等民族興起的例證，來論證為何人口為數不多，土地面積不大的民族能崛起，能征服比他們強大的民族？

他提出的「新興民族」，是有著旺盛企圖心，旺盛生命力的民族，他們懂得比對手多，他們學習的企圖心強大，他們懂得重用人才，唯才是用，不帶偏見。

1991年11月，許信良就任民進黨第五屆黨主席。（攝影：邱萬興）

1992年4月19日，民進黨推動總統直接民選運動。

論證完歷史上的新興民族後，許信良認為，台灣的生命力在21世紀，可以匯聚不同文明的優點，而且台灣人的活力旺盛，四處經商，累積的新知識，新技術，展現出了新興民族的氣勢。

留學西方的經驗，日本殖民的遺緒，中原文化的烙印，都讓台灣人、台灣社會，孕育了豐富的資源。

而21世紀，台灣人必須把自己的旺盛活力，找尋國際舞臺，再發揚光大。

他分析，21世紀不再是征服與掠奪的世紀，而是經濟競爭、政治共存的世紀。

於是他主張，台灣要「大膽西進」，以「二千萬人征服十二億人民。台灣的征服不是武力的，而是經濟的」。

許信良充滿信心的說：「台灣的整體戰略不是在大中國的架構下，和中國結成一體，而是要把自己進一步連結到世界網絡，在自由化和國際化的過程中，大膽西進，只有在台灣自己的主體位置上，制定整體的贏的戰略，台灣才能獲得最大利益，確保生存發展空間。」

對於可能被批評的依賴中國的隱憂，當時的許信良如此寫道：「早期而穩定的大量經濟合作關係一旦建立，不但有助於台灣經濟

1992年4月19日，許信良擔任主席，推動總統直接民選運動。（攝影：邱萬興）

利益的拓展，也有助於台灣安全的維持。因為這種合作關係形成，自然會造成一種利益共生關係，在利益一致的前提下，一個均衡的安全結構就更有可能被討論，甚至在無形中形成。」

很多人批評許信良的立論不夠嚴謹，主觀的期望太多，但許信良自己在《新興民族》的緒論裡，劈頭便主動的說了：「我是個政治工作者，不是學術研究者。我開始思考『新興民族』這個問題，不是出於歷史好奇者對這個問題的探索興趣，而是基於政治運動者對我的同胞的深刻認識所產生的堅強信念。」

唯其如此，許信良提出「新興民族」的概念，是基於政治的實踐，而非學術的探討；他對「新興民族」議題的推展，首重於號召台灣人要有企圖心，要勇敢向正在轉型劇變，亟需資金、人才，技術的中國市場大膽西進。

換言之，許信良不是要跟你討論這議題可行不可行，概念精準不精準，而是要你表態，願不願，敢不敢，

大膽西進？！

像歷史上興起而創造新時代的各個新興民族一樣，創造屬於台灣人的新世紀！

然而，真實世界的進程，往往是許多拉力互相作用的結果。

當許信良推出他的大膽建議「大膽西進」，而論述根據是台灣人可以扮演21世紀的「新興民族」時，國民黨李登輝政權卻往「戒急用忍」的方向走，這政策一直延續到陳水扁政權時期，直到國民黨黨主席連戰2005年的大陸行的「破冰之旅」，以及之後，馬英九政權的「九二共識」，才似乎略為接近許信良的主張。

然而，時序已經是十四年後了。

許信良的「大膽西進」，沒有被李登輝接受，沒有被陳水扁接納，反倒是外省籍的國民黨精英馬英九，採取了相類似的對策，這對曾經是國民黨栽培的本土精英的許信良，可謂酸甜苦辣，五味雜陳吧！

4

許信良的「新興民族論述」到底可行與否？

是他一貫的不可救藥之樂觀主義使然，還是他一貫的雄才大略之前瞻視野的必然？

如果我們回到他在思索這議題時，全球仍瀰漫一股樂觀的全球化論調，而中國則在「六四事件」後，抓政治、放經濟的改革步調下，那他的論述，就相當具有時代的格局了。

許信良樂觀的評價小布希總統在波斯灣戰爭後，締造的國際新秩序，認為伊拉克之所以成為眾矢之的，乃因它破壞了國際貿易的兩大支柱：一、和平的秩序和流通的航道；二、原料和能源的基本穩定供應。

因而伊拉克併吞科威特，不只傷害到美國利益，也傷害到在這國際經貿網絡中從事交易獲利的所有國家。

這個觀察，是理解許信良「新興民族論述」的核心架構。

正因為，許信良對自由貿易的國際化，有高度期許，才會深信，藉由自由貿易帶來的互利、共利，必是主導國際政治的歷史動力。

而這個秩序，正是美國跟昔日之帝國主義不同之處，美國反對單純的只「累積本國財富的聚斂作風」，而開放自己的龐大國內市場，讓外國產品競逐，再以優惠關稅刺激貿易成長。

於是以美國為核心的國際經貿體制，強調自由市場，以美元為本位，以自由匯率為基礎，再透過「國際關稅暨貿易總協定」（GATT），以及七國高峰會議，便促成了二次大戰後，直到90年代，整個20世紀下半頁的國際經貿與政治的總體圖像。

許信良認為，這個歷史圖像，解釋了東西方冷戰對決的關鍵勝負，而中國之所以能倖免於社會主義陣營相繼骨牌效應的倒塌，是因為鄧小平掌權後，從1979

年起實行改革開放，把中國納入了世界貿易市場的體系內。

而這個總體世界趨勢，顯然沒有停止。
從關貿總協之後，取而代之的，是更為強大的自由貿易體制，即「世界貿易組織」（WTO）的出現。

WTO對於破壞國際經貿秩序的行為，可以發布制裁。這制裁，雖然是經濟性的，但在沒有任何國家可以自外於「世界貿易組織」的前提下，這種經濟制裁具有無與倫比的震懾性。

我之所以要這麼鋪陳許信良對自由貿易全球化的重視，無非是，這前提正是許信良的「新興民族論述」，非常關鍵的框架。

正是在這個框架下，許信良認為，中國在改革開放不可能走回頭路的趨向下，加入了世界貿易組織，被納入這個全球化的自由貿易體制內，它將無從只從民族

主義的角度，只從台海兩岸的視角，來看待台灣問題。

因為在這個國際新秩序裡，經濟上沒有國界，政治上不容許戰爭，世界將變得更自由，但每一個國家又得將自己國內的政治議題，由於在國際化的互動網絡裡可能影響他國，而必須攤在國際談判桌上，接受國際的協調與安排。

基於這樣的觀察，以及，對這架構的分析，以及，對這樣的國際秩序的信心，許信良的「新興民族論述」便大膽的提出來了。

台灣，可以做為21世紀的新興民族，因為歷史已經替台灣鋪好了大顯身手的活動舞台。就看我們要不要了！

5

許信良認為站在中國改革開放的關鍵時刻，站在世界新秩序的開展時刻，台灣應該要把握契機，發揮自己的專長，也就是以長期累積起來的企業經營模式，以對西方知識的理解，以對中國文化的熟稔，讓自己成為「新興民族」，勇敢的運用中國大陸的市場，讓自己壯大。

1992年9月28日，民進黨6周年黨慶立委造勢大會，許信良與黃信介。（攝影：邱萬興）

這也就是他從「新興民族」推論到「大膽西進」的必然邏輯。

然而，這議題很明顯，會在不同的政治陣營裡有不同的分析判斷。

在執政的國民黨，則是1996年9月14日，李登輝總統提出了「戒急用忍」，要企業界在西進投資時，有所保留。行政院院長蕭萬長繼而在1998年對「戒急用忍」

1993年11月，高雄縣長選舉，黨外菁英重返高雄橋頭。（攝影：邱萬興）

提出了前提條件：「中共要消除對我敵意，結束敵對
狀態，尊重兩岸對等分治，以平等互惠對待我，不再
阻擋我方在國際上的活動空間，台商投資權益經過協
議獲得確切保障，而且不影響台灣經濟穩定發展。」

換言之，李登輝領導的國民黨，並不樂觀看待「大膽
西進」。

相對的，民進黨內雜音亦多。

1994年5月1日，施明德當選民進黨第六屆黨主席。（攝影：邱萬興）

1994年6月28日，推動敬老年金大遊行。（攝影：邱萬興）

於是1998年2月，民進黨也進行了「中國政策辯論」，
由許信良領軍的「大膽西進論」，與新潮流系等其它
派系組成的「強本西進論」，進行了大辯論，引起朝
野，媒體，社會大眾的關切。

辯論並沒有絕對的誰勝誰負，但許信良在這次的辯論
後，雖然不改他一貫的主張，一貫的樂觀態度，但他
多少感覺到，他的觀點，外有李登輝本土國民黨的不
贊成，內有黨內其它派系的不支持，他不能沒有逐漸
勢單力孤的感受。

雖然，他在《新興民族》裡，再三的重申，「台灣與中國之關係的發展，不能以政治關係的處理做為先決條件。」然而，無論是李登輝路線，或新潮流等主張，無疑都是以「政治關係」做為思考兩岸關係的核心概念。這就是許信良從上世紀90年代中期起，與台灣主流思考，不管是李登輝的國民黨，或新潮流系的民進黨，漸行漸遠的分歧點。

許信良必然認定，要繼續推動這樣的訴求，他必須要有更上一層樓的努力，那就是選上總統，來推動完成他的雄圖壯志。

但，民進黨成立後，已經在體制內運作了十餘年，更為熟悉選舉如何求勝的訣竅，1994年當選台北市長，並創造執政高評價的台北市長陳水扁，在意外的連任失利後，累積的政治聲量，已經讓他

1994年，四百年來第一戰。
（攝影：邱萬興）

1995年，民進黨總統提名黨內初選前，於圓山大飯店受訪。（攝影：邱萬興）

愈來愈成為民進黨要在結束「李登輝情結」之後，完成政黨輪替的新的政治明星。

許信良雄才大略，深謀遠慮，確信「以選舉帶動台灣民主化」的進程，確實推動了台灣的民主化。在台灣的民主化歷史中，有他不可磨滅的地位。

然而，歷史的演進，一向是弔詭的。

當選舉，全面化的選舉，成為台灣民主政治的標誌，而民選總統亦成為推動台灣全面民主化的最後里程碑

時，許信良卻也逐漸走向了他個人政治事業的最後一段里程。

欠缺了選舉世俗化的明星魅力，在黨內他先輸給台獨偶像級明星彭明敏，在黨外，他能與李登輝合作，促成國民黨與民進黨的聯合修憲工程，卻無法「挑戰李登輝」成功。

更令他難以接受的，是資歷、輩分遠低於他的陳水扁，卻挾著台北市長的光環，取代他，而成為民進黨的2000年總統大選參選人！

許信良脫黨了！

他悲壯的脫黨了！

然而，那一役，他在宋楚瑜、陳水扁、連戰三強鼎立的夾殺下，他僅僅得到七萬九千四百二十九張選票，百分比上是0.63％。

這對一位立志要當總統的許信良，無疑是沉痛的一擊。

與民進黨分道揚鑣後的許信良，雖然也曾在2004年

幫連戰、宋楚瑜助選，但陳水扁連任成功；許信良同一年投入立委選舉，仍然吞敗。

2008 年他協助謝長廷競選總統，但輸給國民黨的馬英九。

陳水扁卸任後，許信良重返民進黨。

2011 年他借款登記參選民進黨內的總統提名初選，輸給蔡英文。

2012 年他投入民進黨主席選舉，仍然失利。這也是他老驥伏櫪的最後一次投入選舉了。

在政壇上不再呼風喚雨。

可是，為了最後這一搏，他出版的《台灣現在怎麼辦》，卻整理出不少他一生政治見解的綜合陳述。

台灣現在

怎麼辦

VI

1

欣賞許信良的人，稱讚他深謀遠慮，視野遼闊，有政治家的格局。

但不欣賞他的，則說他是變色龍，權謀很深，是典型政客。

其實，不管是政治家或政客，說穿了，都不過是「許信良這個人」，一生「以政治做為自己的志業」，所顯現出來的特質罷了。

他對政治感興趣，是從大學時代開始，念政大政治系，再念政治研究所。

讀書期間，他被國民黨吸收為黨員，當時他的政治理念還在較抽象的思維層次上，對從政也理所當然的，以在國民黨的黨國體制內為思考起點。

但他出身貧困農家，對社會貧富不均，農家的辛勞，已有深刻體認，這導致他對以政治來改變社會不公不義，有了初步的信念。

到英國愛丁堡大學念研究所，選的是哲學專門，置身在1960年代騷動不安的歐美學生運動，社會抗議的現場，更刺激了許信良原本就隱隱然懷抱在心的從政理想。

回台後，被國民黨相中，在「吹台青」的潮流趨向中，許信良被提名參選桃園縣省議員，他把從歐洲學到的選舉文化帶到省議員選舉上，初露頭角，並引起一批年輕學子注意。

他在省議員任內，已經看出來與提拔他的國民黨格格不入，這時期，他對民主政治的思索逐漸成形，後來違紀參選桃園縣長，更是得到一批批年輕的，黨外的知識青年的支持，更奠定了他，與國民黨分道揚鑣的分歧。

我們或可從他最新的一本著作，老驥伏櫪的著作《台

灣現在怎麼辦》的書名，來總括許信良一生從政的演
進歷程。

他可以說是一個一直在思索「台灣現在怎麼辦？」的
政治人物吧！

正因為他一直在思索「台灣現在怎麼辦？」，因而，
在現實政治的路徑上，他也就時而在調整他的路線、
訴求，以及，找尋如何實踐他所認知到的政治理念之
方法或資源。於是，長期下來，他跟許多同時期的政
治人物自然很不一樣了。

他想挑戰的李登輝，也不能說沒有變色過，從早期
共產黨的信念，到最終成為國民黨的黨政領袖，這
何嘗不是適時調整，隱忍再出發的例子呢？
只是，李登輝長期成為蔣經國栽培的本土精英，而許
信良則在桃園縣長之後，選擇了與國民黨政權對抗的
黨外之路，民主運動之路。

民進黨內與許信良同輩的精英，許多都是一開始便從

事反對運動，在他們看來，許信良顯然黨外血統並不純粹。尤其，許信良流亡海外那段期間，許多激烈的革命建國訴求，尤其讓他們有所顧忌。

可是許信良一旦返台後，調整自己的步伐，採取選舉總動員的戰略，民進黨卻又相當程度的，信賴他的領導，在與國民黨既合作又競爭的過程裡，民進黨不僅壯大也獲得了許多民眾的信任，這何嘗不是「善變的」許信良，深謀遠慮的成功呢！

正因為許信良一直在思索「台灣現在怎麼辦？」，因而他對自己，對自己所屬的團體（黨外時期），對自己所屬的政黨（民進黨），乃至於，脫離民進黨後的嘗試選總統，與連戰、宋楚瑜的合作，試圖從選立委再出發等，以及再重返民進黨，試圖選總統選黨主席等等，都無非是他思索「台灣現在怎麼辦？」時，一而再再而三的，找尋實踐之路的努力。

無奈，時勢使然，他的時代離他愈來愈遠了。

2

許信良的總統夢，先後因為彭明敏、陳水扁而被阻攔於民進黨的提名之外。

西元2000年的總統大選，他以兩任民進黨黨主席的資歷，脫離民進黨參選，卻以慘淡而收場。

之後，他雖然也曾以無黨籍身分參選立委，亦曾支持謝長廷選總統，更曾在陳水扁總統卸任後，重返民進黨，投入2012的黨內總統初選，但輸給蔡英文。其後，再嘗試競選民進黨黨主席但輸給了蘇貞昌。這些老驥伏櫪的動作，固然顯示他的壯心不已。但，時代的冊頁，真的已經翻頁到更年輕的世代了。

2016年蔡英文贏得總統大選，2020年蟬聯成功，兩岸關係逐步趨於緊張，而美中關係亦陷入尼克森總統打開美中和解大門以來，最緊張的階段。

時序進入21世紀第二個十年，民進黨再度政黨輪替成功，許信良儘管壯心不已，卻也只能退居幕後，觀察台灣政局的變化。

但21世紀後，他為了參選總統、黨主席，仍孜孜不倦的，親自動手寫他的參選宣言，他的總統政見，他的黨主席格局，這些文字都見證了，許信良身為一位「台灣民主的老兵」，他仍然眼界開拓，雄心萬丈。

1997年5月18日，鄭文燦與許信良參加用腳愛台灣大遊行。（攝影：邱萬興）

他在《台灣現在怎麼辦》一書裡，以〈總統的視野與承擔〉為題，談了他何以在七十歲以後，仍然在財力窘迫，大家都不看好的情況下，仍努力籌款，投入民進黨的2012年總統初選。

這篇序文，是一篇理解許信良一生政治信念，以及，解讀他何以與民進黨主流拉開距離的重要憑藉。

許信良認為，國家領導人最重要的工作是：「面對真正的問題，提出有效的對策，並鼓舞人民追求可以實現的、可以提升普世價值的共同願景。」

接下來，許信良的話，就不免很刺耳了，尤其是對民進黨內主流的意見。

許信良認為，「台灣沒有主權流失的危機。台灣沒有被統一的威脅，國家認同的分歧也是表面的大於實質的。台灣進不了聯合國是無法突破的國際政治的現實。台灣多幾個邦交國或少幾個邦交國，都不影響台

灣的安危和人民的利益」。

這些都不是「真正的問題」。

這些「都不值得總統去煩惱」。

許信良這麼說。

那，什麼才是總統應該面對的真正的問題，哪些才是值得總統去煩惱的問題呢？

許信良提出了，台灣要煩惱的問題，其實是非常古老的問題：「經濟如何持續成長，以及所得如何公平分配？」

許信良觀察全球化在各國都出現了貧富不均，貧富懸殊的現象，高失業率成常態，中產階級萎縮，窮人生活條件愈來愈艱苦，因此許信良主張「民進黨應該把失業津貼和養育津貼列入競選政見」。

許信良希望，「民進黨成為堂堂正正地高舉社會福利大旗的政黨」。

許信良感嘆地寫道，他從政最大的夢想，就是希望看到台灣像西歐和北歐一樣，成為一個「每一個人從搖籃到墳墓，都受到國家照顧」的人間天堂。

許信良在年過七十以後，寫出來的這些他對政治的信念，從政者該實踐怎樣的理想價值，其實是很感人的。因為我們若回頭對照他年輕時的文字，不難發現這些理念貫穿他從政的一生，真的都是他的初衷，數十年不變！

3

許信良年輕時，熱衷於政治哲學。

拿到中山獎學金，去英國愛丁堡大學，他申請的主修，是哲學。他的研究所，具有濃厚的馬克思主義學風。

出身農家的許信良，本來就對社會貧富議題，頗為敏感，到了英國愛丁堡大學，馬克思主義學風，歐洲社會福利國家思想，都觸發了他本身的遭遇與當代學術思潮相互激盪的內化，這就鑄造了他政治思索的本質。

2018年12月10日，許信良參加《能夠見到明天的太陽》施明德回憶錄發表會致詞。（攝影：邱萬興）

尤其重要的，是許信良赴歐洲念書時，正值1960年代，西方學潮，青年反文化的高峰，1967年還年輕的許信良見識到了學生街頭示威遊行，與警方在街頭巷尾大搞游擊戰的西方式民主，這與他在台灣看到的威權體制靜態社會，完全是一幅截然不同的畫面，衝擊之深，可以想見。

但衝擊歸衝擊，關鍵還是，對一個後來立志從政的人來說，在西方留學到底學到怎樣的知識基底，構築成一個政治人物對「政治」的信念，對政治「實踐」的理想，這才是我們分析一個政治領袖，該追蹤的線索。

毫無疑問，「福利國家」的信念，「西歐民主社會主義」的思潮，對年

2019年1月20日，高雄橋頭事件40周年紀念新書發表會。（攝影：邱萬興）

輕的許信良，內在政治靈魂的鑄造，是絕對關鍵的。

許信良後來回憶，談及新左派的學運團體信念時，他為他們辯護，說他們不是滿紙理論，而是依據良知採取行動。

也就是說，當年的左派學運，很多青年學生是彰顯了「人類的普遍價值」。

許信良於是對馬克思主義，對西方民主社會主義、西歐福利國家等等領域，進行大量的飢渴的閱讀，同時也透過旅行，直接觀察當時所發生的歐洲社會動態。

這些經驗，對許信良一生，都有長期且深遠的影響。

如果我們觀察許信良早期在《台灣社會力的分析》一書裡，對台灣社會階層的流動分析；我們若重讀許信良在省議會期間，出版的《風雨之聲》，以及，為了違紀參選桃園縣長出版的《當仁不讓》等文字，字裡行間中，無不交錯著，他在歐洲念書時，深深被觸動的感時憂懷的情操。

這些他在三十幾歲，衝決網羅的政治情懷，到了七十幾歲時，仍然是他念念不忘的政治志業，不能不令人讚賞。

4

民主政治必須有政黨政治，這是預防權力腐化的機制，定期改選，輪流執政，人民手握選票，決定誰主掌最高權力。

許信良從國民黨內被栽培的「本土精英」起步，拿了中山獎學金，到英國讀書。

但他純樸的農家子弟本色，讓他不忘農家之苦，在英國期間，他留心的，都是國家體制該如何照顧社會中下階層；他注意的，都是年輕人如何透過行動，去改造他們心中理想的社會。

我曾在評論「外交才子」錢復的《錢復回憶錄》時，觀察到，在錢復念台大時期，正好也是李敖念台大的階段。

然而非常有趣的對比是，在錢復的回憶中，他的台大生活完全不是李敖感受到的台大生活，換言之，當李

敖感受到威權黨國體制對最高學府的壓制時，錢復卻是自由自在快樂的大學生！

這對比，其實充分反映了每個人的處境，以及他在自己的處境中回應時代召喚的方式。
錢復走進體制，李敖終生反體制。

若用這標準來檢視許信良，確實可以看出來，許信良儘管有機會成為國民黨威權體制下，「吹台青」的一員，不過，他的反骨正在於他出身窮困農村，不忘為貧困人家發聲的自我期許。因而，他到了歐洲，雖然也會四處遊覽古蹟，逛博物館，但他真正用心的，是專注政府如何解決貧窮問題，如何反應時代的議題。

換句話說，許信良不像錢復，出身就是國民黨體制內的精英家庭，被提拔後，也以專業技術精英做自我期許，為國家政府做事，而不過問黨國體制對民主的壓制。
相反的，許信良雖有機會被黨國體制收編，卻由於

2019年12月9日，美麗島事件40周年，台北圓山大飯店紀念活動。
（攝影：邱萬興）

自身對貧苦人民，辛苦農民的權益多所關注，因而
與拉拔他的黨國體制嚴重衝突，終於分道揚鑣，而
往「黨外」，往反對運動走去。

但許信良很明顯，又跟他的許多民進黨同志不同。
他雖然對反對運動，對民主運動有著堅定不移的信
念。然而，他在思索台灣民主問題時，視角卻是多面
的，是國際的，也常常是兩岸的。

當他的許多民進黨同志，乃至於獨派人士，始終把「加入聯合國」當成一個信念，或政治操作的籌碼時，許信良卻常常潑冷水，提醒台灣人「進不了聯合國是無法突破的國際政治的現實」，而「多幾個邦交國或少幾個，對台灣安危並不影響」。

若再加上，他持續提倡「大膽西進」，就更容易讓批評他的政敵，找到藉口攻訐他。

然而，許信良的論述非常清楚，核心的命題就是：台灣要活下去，一定要把經濟搞好；人民的福祉，不在加不加入聯合國，而是經濟要持續成長，經濟的成果要讓全民分享，尤其是中產階級，貧苦人民。

經濟要搞好，不能只在台灣島內，而要全球化，而全球化就該充分利用中國大陸的市場，來壯大台灣企業，台灣經濟。

這是90年代以後，當中國改革開放以後，許信良便關注的台灣前途議題。也是，他立論《新興民族》一書的核心概念。

5

在 2011 年民進黨的黨內總統初選時，許信良曾經對所謂的「政治變色龍」的標籤，對林義雄攻擊他拿連戰的錢，拿中國的錢等等汙衊的議題，做了相當感性的辯解，這也是他很少見的激動辯解。

許信良一向大而化之的對待外界或同志對他的攻擊，但久而久之，以訛傳訛，的確也造成他領導者形象的刻板化瑕疵。

他在那次的辯論中，直接點名了林義雄在 2000 年總統大選時指控他拿了連戰的錢，所以出來參選。

他說他之所以沒有提告林義雄，並非默認林義雄的指控，而是因為「在台灣民主運動最光輝也最艱危的年代，義雄是我並肩作戰的同志和朋友。他的家庭為台

灣民主運動所做的犧牲，是台灣人心中永遠的痛。他對個人信念和理想的堅持，是政治人物的完美典範」。

「如果我告他，我會一生看不起自己，我會覺得我一生的奮鬥毫無意義。」

一旦那樣做了，「現在和未來的人們一定會說：美麗島世代的民主鬥士，也和一般政客沒有兩樣，為了個人的權位可以相互傷害」。

「我怎麼能做這樣的事呢？」

這是許信良難得一見的替自己辯解，某種意義上，也算是他老年後，替自己一生蒙受那麼多指責，那麼多誤解，所做的一次代表性的澄清。

在《台灣現在怎麼辦》裡，收集了他參加民進黨總統提名初選辯論的講稿與答辯文，是完整理解許信良政治理想與政策理念的重要文本，或者，可以說是最後集大成的文本吧！

他在〈台灣需要哲學家總統〉一文裡，沉痛的描述了

台灣政治體制的結構性盲點，對民選總統的限制。

限制在哪呢？

「我們的民主，每四年選出一個孤獨的皇帝，給他一切大權，卻沒有給他任何幫助。」

沒有怎樣的幫助呢？

許信良指出：「（台灣的總統）他不像美國總統，一旦當選，就有由財團或政黨提供的有經驗的治理和幕僚團隊；他也不像日本首相，有最好的官僚體制可以依靠。」

在這些結構性限制下，許信良提出了他對台灣總統的最佳建議：

他必須知人善任，唯才是用，不能只用自己喜歡的人，也不能只喜歡和自己同類的人。

他不能依賴官僚體制，相反的，他必須改革官僚體制。

他必須打破藍綠，因此，他必須超越成見，超越自己。

他不能對自己的黨內同志，都心存顧忌。

許信良提出了「哲學家總統」的概念。

他借鏡西方哲人柏拉圖的「哲學家君王」的理念，轉換成現代民主政治的理念，他認為：「深陷重重歷史對立情結不能自拔的台灣，難道真的不需要哲學家總統嗎？」

有趣的是，在《台灣現在怎麼辦》的「編輯備註」裡，則寫下「許信良在第三場的政見會中，繼續申論他的總統觀，直指好的國家體制比領導人更重要的哲學問題。許信良談的不是政策，不是執行，他的初選辯論，變成一場柏拉圖式思想家的演說。台灣需要哲學家總統這看起來玄之又玄的命題，正好命中陳水扁、馬英九這兩任總統最核心的危機。」

誠哉斯言，但又怎麼樣呢？

許信良的老驥伏櫪，除了喚來一些熱烈的掌聲與讚歎外，並沒有給他帶來任何老驥可以伏櫪的舞台！

民進黨兩度中央執政了！

兩岸關係卻陷入了新的僵局！

美中關係惡化！

世局彷彿進入新的一輪世紀對抗！

台灣現在怎麼辦呢？

台灣現在怎麼辦呢？

6

由於許信良除了早期是國民黨員，是在「吹台青」風
潮中被拔擢的客家籍精英外，從違紀參選並當選桃園
縣長之後，他就不再是體制內的一員，而是衝撞體制
的異議人士了。

因此，他的許多早期思考，確實是如何顛覆體制，
如何改造體制，但自從他返台後，他就戮力於思索，
如何與國民黨李登輝合作，重新塑造「中華民國在台
灣」的憲政體制。而民選總統，讓體制更接近於總統
制，毫無疑問，是台灣民主化非常重要的一個突破。

但，民選總統，全面民主化的台灣，也必然要面對「中
華民國台灣化」的事實，這事實又可能導引出兩岸的
關係到底該如何去定位？

許多人誤解許信良，認為他「大膽西進」過於樂觀，但卻忽略了他長期致力於民主運動的根本精神，就是建立台灣人驕傲於自己的民主體制，進而也會捍衛這體制的國家驕傲感。

只不過，許信良是把兩岸的關係「架構於」他認定的世界新秩序裡，認為兩岸可以暫時擱置主權，擱置民族主義的爭論，而在分工合作、共創互利的基礎上，尋求長期的安定。

這個想法，沒能在民進黨內蔚為共識，卻在國民黨馬英九總統執政時期，由於「九二共識」，兩岸維持了一段相當程度的和平互動，經貿往來。

可是，也很快的，在2014年「太陽花學運」衝擊下，造成國民黨大敗，2016年蔡英文政府執政的新局面。而後，又因為香港問題的凸顯為國際關注焦點，中國的習近平政權對香港「一國兩制」的緊縮政策，蔡英文政府以「抗中保台」贏得了2020年總統、立委大選

的雙雙獲勝，而美國對中國採取了對抗立場，都造成兩岸關係的大倒退！

許信良所期待的國際新秩序，似乎到了新的轉折點，在和平與對抗的紛擾中，台灣現在又該怎麼辦呢？

這也許不是已經淡出政壇的許信良所能改變的新世紀了，然而，卻是年輕的民進黨領導階層，甚至國民黨領導階層，該審慎因應，共謀台灣之長期生存契機的嚴肅課題了！

附錄

VII

許信良與親友

上｜2021年10月31日，作家蔡詩萍《我父親》於桃園新書發表會，
會後合影。
下｜2021年10月31日，許信良、桃園市市長鄭文燦出席作家蔡詩萍
《我父親》於桃園新書發表會。

上、左下｜2021年10月31日，作家蔡詩萍《我父親》於桃園新書發表會，許信良與蔡詩萍合影。

右下｜許信良閱讀作家蔡詩萍著作《我父親》。

上 ｜ 許信良與蔡詩萍合影。

下 ｜ 許信良家族合影。

上 ｜ 許信良、許國泰，與外甥蔡詩萍三兄弟合影。

下 ｜ 許信良攝於辦公室。

上 ｜ 許信良與他的大姊、二姊。

下 ｜ 許信良伉儷與二姊許娘妹及其夫婿蔡金學（作者蔡詩萍父母）。

上｜許信良伉儷與蔡詩萍合影。

左下｜作家蔡詩萍與陳芳明教授合影。

右下｜許信良與蔡詩萍合影。

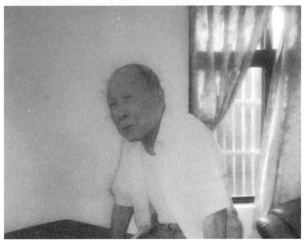

上 ｜ 許信良的父親母親。

下 ｜ 許信良的父親。

許信良年表

1934	出生於台灣桃園。
1959	自新竹中學畢業,進入國立政治大學政治系就讀。
1967	獲得中山獎學金,赴英國愛丁堡大學繼續深造,學習哲學。
1969	完成學業,自英返國,加入國民黨改革派刊物《大學雜誌》。
1973	獲得國民黨提名參選臺灣省議員,順利當選。
1977	出版《風雨之聲》、《當仁不讓》兩書。
	11月,脫黨參選桃園縣縣長。選務部門爆發作票疑雲,發生中壢事件。
	12月20日,桃園縣縣長就職。
1979	1月,余登發匪諜案,引發「橋頭事件」,許信良被停職。
	7月1日,桃園縣縣長遭彈劾,任期結束。

8月，《美麗島雜誌》出刊。

12月，爆發「美麗島事件」，國民黨政府逮捕黨外大批精英。許信良正與家人在美國考察，事件發生後被政府拒絕入境，從此滯留美國。

1980	8月，主辦《美麗島週報》。
1986	《美麗島週報》停刊。

11月30日，從馬尼拉登機，試圖闖關回台，未果。陪他搭機的有日本記者若宮清、美國前司法部長克拉克。

1987	10月17日，從日本轉香港，企圖闖關回台，未果。
1988	2月11日，許信良再度持假護照裝扮成菲律賓人，想從菲律賓闖關回台，未果。
1989	9月27日，於福建外海，登上台灣走私漁船，偷渡回台，入獄。
1990	李登輝宣布特赦政治犯，許信良出獄。
1991	當選民進黨黨主席。
1992	參與推動總統直接民選。

1994	縣市長大選，民進黨席次未過半，請辭民進黨黨主席。
1995	出版《新興民族》。
1996	以競選1996年總統，做為宣揚「台灣人是新興民族」的起點，並以當選總統，來推動他的以台灣引領中國發展的雄才與大略。黨內初選未過。
1998	卸任民進黨黨主席。
1999	5月7日，發表題為〈同志們，我們在此分手〉的退黨宣言，退出民進黨。
2000	獨自參選總統選舉，在沒有政黨支援下，獲得極少的選票而落選。
2004	幫連戰、宋楚瑜助選，陳水扁連任成功；同一年投入立委選舉，仍然吞敗。
2008	2月，協助謝長廷競選總統，國民黨馬英九當選。
	5月，陳水扁卸任。許信良重返民進黨。
2011	借款登記參選民進黨內的總統提名初選，輸給蔡英文。

2012   投入民進黨主席選舉，失利。

2013   6月，出版《台灣現在怎麼辦》。

2016   8月10日，任亞太和平研究基金會董事長。

參考書目

● 《許信良精選集》5冊　許信良——著

　《台灣社會力的分析》　　《許信良言論集》

　《風雨之聲》　　　　　　《新興民族》

　《當仁不讓》

....

2013年7月10日初版｜成信文化事業股份有限公司出版

● 《台灣現在怎麼辦》許信良——著

....

2013年6月初版｜成信文化事業股份有限公司出版

● 《綠色年代 1975-2000：台灣民主運動25年》

　張富忠、邱萬興——編著

....

2005年12月1日初版｜印刻出版

● 《台灣最好的時刻，1977-1987：民族記憶美麗島》

　吳乃德——著

....

2020年3月3日初版｜春山出版

●《中壢事件相關人物訪談錄》 陳儀深——編著

2021年12月1日初版｜國史館出版

●《許信良的政治世界》夏珍——著

1999年9月3日初版｜天下文化出版

●《戰後台灣政治案件 美麗島事件史料彙編》（八冊）

2022年1月初版｜國史館出版

主席，請問台灣怎麼辦：許信良評傳 　　看世界的方法 221

作者 ——— 蔡詩萍

家族照片提供 —— 蔡詩萍　　　　　董事長 —— 林明燕
許信良從政照片提供 — 許信良　　　副董事長 —— 林良珀
責任編輯 —— 魏于婷　　　　　　　藝術總監 —— 黃寶萍

社長 ——— 許悔之　　　　　　策略顧問 — 黃惠美‧郭旭原
總編輯 —— 林煜幃　　　　　　　　　　　郭思敏‧郭孟君
副總編輯 — 施彥如　　　　　　顧問 ——— 施昇輝‧林志隆
美術主編 — 吳佳璘　　　　　　　　　　　張佳雯‧謝恩仁
主編 ——— 魏于婷　　　　　　法律顧問 — 國際通商法律事務所
行政助理 — 陳芃妤　　　　　　　　　　　邵瓊慧律師

出版 ——— 有鹿文化事業有限公司｜台北市大安區信義路三段106號10樓之4
　　　　　 T. 02-2700-8388｜F. 02-2700-8178｜www.uniqueroute.com
　　　　　 M. service@uniqueroute.com

製版印刷 — 沐春行銷創意有限公司

總經銷 ——— 紅螞蟻圖書有限公司｜台北市內湖區舊宗路二段121巷19號
　　　　　　 T. 02-2795-3656｜F. 02-2795-4100｜www.e-redant.com

ISBN———— 978-626-7262-04-7　　　定價 ——— 330 元
EISBN ——— 978-626-7262-41-2　　　版權所有‧翻印必究
初版 ———— 2023 年 9 月

主席，請問台灣怎麼辦：許信良評傳 / 蔡詩萍著
—初版‧— 臺北市：有鹿文化 2023.9‧面；（看世界的方法；221）
ISBN 978-626-7262-04-7　　1.許信良 2.C臺灣傳記　　783.3886.............112000235